Les Ombres de la Vertu Stoïcienne de Marc Aurèle

Maîtriser la Vie grâce à la Sagesse du Stoïcisme et du Travail de l'Ombre

James H. Smith

Traduction : B. J. Taylor

∎∎∎

Marc Aurèle était un empereur romain, un philosophe et un chef militaire qui a régné de 161 à 180 après J.-C. Il est reconnu pour son engagement profond dans le stoïcisme, une philosophie qui prône la résilience intérieure, la vertu et l'acceptation de l'ordre naturel. Il est reconnu pour son engagement profond dans le stoïcisme, une philosophie qui prône la résilience intérieure, la vertu et l'acceptation de l'ordre naturel. Cette perspective stoïcienne peut être reliée au travail de l'ombre, un concept psychologique centré sur l'exploration et l'intégration de nos aspects inconscients. En examinant notre part d'ombre, nous développons la conscience de soi, affrontons les défis intérieurs et cultivons une vie plus authentique et plus équilibrée. Marc Aurèle, par ses croyances stoïciennes et son approche introspective, a illustré le lien entre le stoïcisme et le travail de l'ombre, en adoptant une vision holistique de l'amélioration de soi.

Les Ombres de la Vertu Stoïcienne de Marc Aurèle

Adaptation, Couverture, Copyright © 2024 ISBN PROPRIÉTAIRE

CECI EST UNE ŒUVRE PROTÉGÉE PAR LE DROIT D'AUTEUR, LÉGALEMENT ENREGISTRÉE/PROTÉGÉE PAR LA TECHNOLOGIE BLOCKCHAIN (NUMÉRO D'ENREGISTREMENT : DA-2024-049966)

Image de couverture : Créée sous licence commerciale de Midjourney Inc. au 08/10/2023. Date d'entrée en vigueur de la version des conditions d'utilisation : 21 juillet 2023.

Tous droits réservés. Aucune partie de ce livre ne peut être utilisée ou reproduite de quelque manière que ce soit sans autorisation écrite préalable.

ISBN : 978-65-00-93303-1

Edition/Version : 1/2 [Révisé 4 février 2024]

1. L'éthique.   2. Les stoïciens.   3. La vie.

∎ AΩ ∎

Clause de non-responsabilité : Veuillez noter que les informations contenues dans ce document sont uniquement destinées à des fins éducatives et de divertissement. Tous les efforts ont été faits pour présenter des informations exactes, à jour, fiables et complètes. Aucune garantie de quelque nature que ce soit n'est exprimée ou sous-entendue. Les lecteurs reconnaissent que l'auteur n'est pas engagé à fournir des conseils juridiques, financiers, médicaux ou professionnels. Le contenu de ce livre a fait l'objet de recherches auprès de diverses sources. Veuillez consulter un praticien agréé avant d'essayer l'une des techniques décrites dans ce livre. En lisant ce document, le lecteur accepte qu'en aucun cas l'auteur ne puisse être tenu responsable de toute perte, directe ou indirecte, subie à la suite de l'utilisation des informations contenues dans ce document, y compris, mais sans s'y limiter, les erreurs, les omissions ou les inexactitudes. Nous vous remercions de votre compréhension.

Élargissez vos horizons littéraires et offrez le plaisir de la lecture : Découvrez un monde de livres captivants qui inspirent, éduquent et divertissent !

https://www.legendaryeditions.art/

SOMMAIRE

1. Introduction au stoïcisme et au travail de l'ombre — 1
   1.1. Comprendre le stoïcisme : Sagesse antique pour la vie moderne — 1
   1.2. Exploration du concept de travail fictif — 4
   1.3. L'intersection du stoïcisme et du travail de l'ombre — 7
   1.4. Avantages de l'intégration du stoïcisme et du travail dans l'ombre — 11
   1.5. Comment ce livre peut vous aider à grandir — 15
2. Se connaître soi-même : Dévoiler l'ombre — 19
   2.1. Auto-réflexion et prise de conscience — 19
   2.2. Identifier les traits et les modèles de l'ombre — 23
   2.3. Accepter les émotions désagréables — 26
   2.4. Accepter ses imperfections — 30
   2.5. Le pouvoir de la vulnérabilité — 33
3. Embrasser la vertu : les principes stoïciens dans la vie quotidienne — 37
   3.1. Cultiver la sagesse, le courage, la justice et la tempérance — 37
   3.2. Appliquer les vertus stoïciennes aux défis modernes — 40
   3.3. Trouver un sens et un but — 43
   3.4. Pratiquer la gratitude et le contentement — 46
   3.5. Naviguer dans les situations difficiles avec vertu — 49
4. La dichotomie du contrôle : Acceptation stoïque et intégration de l'ombre — 53
   4.1. Comprendre ce que vous pouvez et ne pouvez pas contrôler — 53
   4.2. Lâcher les attachements malsains — 57
   4.3. Transformer la peur et l'anxiété — 60
   4.4. Équilibrer le contrôle et l'abandon — 62
   4.5. Intégrer les aspects occultes du contrôle — 66
5. La pleine conscience et l'esprit stoïque : Observer les pensées et les émotions — 71
   5.1. Développer des pratiques de pleine conscience — 71
   5.2. Témoigner des pensées sans jugement — 74

5.3. Techniques stoïciennes de pleine conscience	78
5.4. Cultiver la résilience émotionnelle	80
5.5. Accueillir les émotions de l'ombre en toute sérénité	83
6. Construire la résilience : Faire face à l'adversité avec une sagesse stoïcienne	87
6.1. Comprendre la nature des défis	87
6.2. Techniques stoïciennes de résilience	90
6.3. Transformer la douleur en croissance	93
6.4. Renforcer la résistance mentale et émotionnelle	97
6.5. Accepter les aspects obscurs de la résilience	100
7. Cultiver la compassion : L'amour stoïque et l'intégration de l'ombre	105
7.1. Pratiquer l'autocompassion	105
7.2. Faire preuve de compassion à l'égard des autres	108
7.3. Amour stoïque et empathie	112
7.4. Le pardon et l'abandon des rancœurs	115
7.5. Intégrer les aspects de l'ombre de l'amour et de la compassion	118
8. Trouver un sens et un but : l'eudaimonie stoïcienne et l'exploration de l'ombre	121
8.1. Découvrir sa véritable raison d'être	121
8.2. S'aligner sur ses valeurs	124
8.3. Vivre une vie d'eudaimonia	128
8.4. Surmonter les ombres existentielles	131
8.5. Intégrer les aspects de l'ombre de l'objectif et du sens	135
9. Cultiver la gratitude : Joie stoïque et reconnaissance de l'ombre	139
9.1. La gratitude, une pratique stoïcienne	139
9.2. Apprécier les plaisirs simples de la vie	142
9.3. La gratitude face aux défis	145
9.4. Reconnaître les aspects obscurs de la gratitude	148
9.5. Cultiver une joie durable grâce à la gratitude	151
10. Le chemin à parcourir : Soutenir la croissance et l'intégration	155
10.1. Réflexion sur vos progrès	155
10.2. Maintenir une pratique quotidienne	158
10.3. Surmonter les revers et les défis	162
10.4. Recherche de soutien et de communauté	165
10.5. S'engager dans le voyage permanent de la découverte de soi	169
INDEX	173

PRÉFACE

Bienvenue dans le monde captivant du stoïcisme et du travail de l'ombre. Dans ce livre, vous vous embarquerez pour un voyage transformateur qui combine la sagesse ancienne avec des idées modernes pour vous aider à naviguer dans les complexités de la vie.

Dérivé des enseignements du célèbre philosophe stoïcien Marc Aurèle, ce livre offre une perspective unique sur le développement personnel et l'auto-réflexion. Il approfondit le concept du travail de l'ombre, vous guidant dans le processus de découverte de vos aspects cachés, d'acceptation des imperfections et d'intégration de vos ombres pour une vie plus épanouie.

Mais qu'est-ce que le stoïcisme exactement, me direz-vous ? Le stoïcisme n'est pas seulement une philosophie abstraite ; c'est une philosophie pratique qui vous permet de faire face aux défis de la vie avec résilience, courage et sagesse. En cultivant des vertus telles que la justice, la tempérance et la sagesse, vous apprendrez à gérer les situations difficiles, à trouver un sens et un but, et à vivre une vie vertueuse.

Au cœur de ce livre se trouve le concept du travail de l'ombre, qui vous invite à explorer les profondeurs de votre être, dévoilant les aspects de vous-même que vous avez peut-être négligés ou supprimés. Grâce à l'autoréflexion, à l'acceptation d'émotions désagréables et à la vulnérabilité, vous parviendrez à une compréhension profonde de votre véritable personnalité.

Ce livre propose des techniques et des exercices pratiques pour vous aider à développer la pleine conscience, à observer vos pensées et vos émotions sans jugement et à cultiver la résilience émotionnelle. En acceptant la dichotomie du contrôle, vous apprendrez à lâcher

PRÉFACE

prise sur ce qui échappe à votre contrôle et à vous concentrer sur ce que vous pouvez influencer.

Tout au long de votre parcours, vous découvrirez également le pouvoir de la compassion et de la gratitude. En pratiquant l'autocompassion et en faisant preuve d'empathie à l'égard des autres, vous établirez des liens plus profonds et trouverez un plus grand sentiment d'épanouissement dans vos relations. La gratitude sera votre guide pour trouver la joie dans les plaisirs les plus simples de la vie, même face à l'adversité.

Ce livre n'est pas une solution miracle, mais plutôt une feuille de route pour le développement personnel et l'intégration. Il vous invite à réfléchir à vos progrès, à maintenir une pratique quotidienne, à surmonter les échecs et les défis, et à rechercher le soutien d'une communauté de personnes partageant les mêmes idées. Il reconnaît la nature continue de la découverte de soi et vous rappelle que le voyage lui-même est tout aussi important que la destination.

Alors que vous vous embarquez dans ce voyage de transformation, rappelez-vous que le pouvoir de changer est en vous. Ce livre sert simplement de guide, offrant des idées et des outils pour soutenir votre croissance. Il ne tient qu'à vous d'accepter les enseignements, de les appliquer à votre vie et d'assister aux transformations positives qui s'opèrent.

Maintenant, cher lecteur, je vous invite à vous plonger dans les pages qui suivent, où vous trouverez une mine de connaissances, d'exercices pratiques et d'idées profondes. Préparez-vous à vivre une expérience de lecture unique et significative, susceptible de changer votre vie. Puisse ce livre être une source de conseils et d'inspiration sur le chemin de la découverte de soi et de la transformation personnelle.

Bon voyage sur ce chemin du stoïcisme et du travail de l'ombre.

James H. Smith

1. Introduction au stoïcisme et au travail de l'ombre

1.1. COMPRENDRE LE STOÏCISME : SAGESSE ANTIQUE POUR LA VIE MODERNE

Le stoïcisme, une philosophie ancienne qui a vu le jour en Grèce, continue de trouver un écho dans le monde moderne. Il va au-delà des principes abstraits et offre une sagesse pratique pour les défis quotidiens. Au fond, le stoïcisme nous apprend à comprendre ce sur quoi nous avons un contrôle et ce sur quoi nous n'en avons pas, et à concentrer notre énergie sur les choses que nous pouvons influencer.

L'un des principaux aspects du stoïcisme est le concept des quatre vertus cardinales : la sagesse, le courage, la justice et la tempérance. Ces vertus servent de principes directeurs pour une vie bonne et épanouissante. En cultivant la sagesse, nous sommes capables de porter des jugements sains et d'agir conformément à la raison. Le courage nous permet d'affronter nos peurs et nos défis avec résilience et détermination. La justice consiste à traiter les autres avec équité et respect, tandis que la tempérance nous encourage à faire preuve de maîtrise de soi et de modération dans nos actions et nos émotions.

Un autre concept fondamental du stoïcisme est la dichotomie du contrôle. Ce principe nous apprend à faire la différence entre les choses qui sont sous notre contrôle et celles qui ne le sont pas. En nous concentrant sur ce que nous pouvons contrôler, nous pouvons éviter les souffrances et les frustrations inutiles. Cela ne signifie pas que les stoïciens sont passifs ou indifférents aux événements extérieurs, mais plutôt qu'ils les abordent avec perspective et acceptation.

Le stoïcisme met également l'accent sur l'importance de la pleine conscience et de la connaissance de soi. En étant présent dans le moment présent et en observant nos pensées et nos émotions sans jugement, nous pouvons développer une meilleure compréhension de nous-mêmes. Cette conscience de soi nous permet de reconnaître nos traits et schémas d'ombre - des aspects de nous-mêmes qui sont souvent cachés ou refoulés. La compréhension de ces aspects de l'ombre est cruciale pour le développement personnel et pour surmonter les conflits internes.

La pratique stoïcienne de la visualisation négative est un autre outil précieux pour la vie moderne. En contemplant l'impermanence des choses et en imaginant les pires scénarios, nous pouvons cultiver notre gratitude pour le moment présent et renforcer notre résilience face à l'adversité. Cette pratique nous aide à apprécier ce que nous avons et à nous préparer mentalement aux défis potentiels.

En substance, le stoïcisme offre un cadre pratique pour naviguer dans les complexités de la vie moderne. En mettant l'accent sur la vertu, la maîtrise de soi, la pleine conscience et la résilience, il nous fournit les outils nécessaires pour cultiver une existence plus riche de sens et plus épanouissante. En intégrant ces principes stoïciens dans notre vie quotidienne, nous pouvons développer un plus grand sens de l'objectif, une force intérieure et un bien-être émotionnel.

Dans les chapitres suivants de ce livre, nous approfondirons l'application pratique du stoïcisme et explorerons son intersection avec le concept du travail de l'ombre. En combinant les enseignements anciens avec les connaissances psychologiques modernes, les lecteurs obtiendront des informations précieuses sur leur propre psyché, apprendront à relever les défis de la vie avec sagesse et résilience et, en fin de compte, cultiveront un sens plus profond de l'accomplissement et de la raison d'être.

> **MISE EN PRATIQUE**

(1) Cultiver la sagesse par des jugements et des actions fondés sur la raison. Exemple : Avant de prendre une décision importante, prenez le temps de rassembler les informations pertinentes, d'évaluer les différentes perspectives et d'envisager les conséquences potentielles. Cela vous aidera à faire des choix éclairés et à éviter les décisions impulsives ou irrationnelles.

(2) Développer le courage d'affronter les peurs et les défis avec résilience et détermination. Exemple : Mettez-vous au défi de faire quelque chose qui vous effraie chaque semaine, qu'il s'agisse de parler en public, d'essayer un nouveau sport ou d'exprimer vos vrais sentiments à quelqu'un. En sortant de votre zone de confort, vous développerez votre courage et vous vous rendrez compte que vous êtes capable de surmonter les obstacles.

(3) Pratiquer la justice en traitant les autres avec équité et respect. Exemple : Dans vos interactions avec les autres, faites un effort conscient pour écouter activement, prendre en compte les différents points de vue et traiter tout le monde avec gentillesse et empathie. Vous créerez ainsi un environnement harmonieux et inclusif où chacun se sentira valorisé et respecté.

(4) Faire preuve de maîtrise de soi et de modération dans ses actions et ses émotions. Exemple : Lorsque vous êtes confronté à une situation tentante ou à une réaction émotionnelle forte, faites une pause et respirez profondément. Réfléchissez à vos valeurs et à vos objectifs à long terme avant de faire des choix ou de réagir de manière impulsive. Cela vous aidera à prendre des décisions conformes à vos principes et à maintenir un équilibre émotionnel.

(5) Faites la différence entre ce qui est sous votre contrôle et ce qui ne l'est pas. Exemple : Au lieu de vous inquiéter d'événements extérieurs ou de circonstances qui échappent à votre contrôle, concentrez-vous sur vos propres pensées, attitudes et actions. En réorientant votre énergie vers ce que vous pouvez changer, vous ressentirez moins de frustration et d'anxiété et serez plus efficace dans la réalisation de vos objectifs.

(6) Pratiquer la pleine conscience et la connaissance de soi pour mieux se comprendre. Exemple : Réservez quelques minutes par

jour à la méditation de pleine conscience ou à la réflexion. Observez vos pensées et vos émotions sans les juger et efforcez-vous de comprendre les schémas et les motivations qui sous-tendent vos comportements. Cette connaissance de soi vous permettra de faire des choix conscients et de vous libérer de croyances limitantes ou de schémas malsains.

(7) Utilisez la pratique de la visualisation négative pour développer la gratitude et la résilience. Exemple : Prenez un moment chaque jour pour imaginer la perte d'une chose ou d'une personne à laquelle vous tenez beaucoup. Cet exercice vous aidera à apprécier le moment présent et les choses que vous tenez souvent pour acquises. Il vous préparera également mentalement à faire face aux défis futurs, ce qui vous rendra plus résistant face à l'adversité.

En intégrant ces mesures concrètes à votre routine quotidienne, vous avez la possibilité d'adopter la sagesse pratique du stoïcisme et d'enrichir votre vie en lui donnant plus de sens et d'épanouissement.

1.2. EXPLORATION DU CONCEPT DE TRAVAIL FICTIF

Explorer l'idée du travail de l'ombre est une partie cruciale de notre voyage vers la découverte de soi et le développement personnel. Dans cette discussion, nous plongerons dans les profondeurs de l'esprit humain et mettrons en lumière les aspects de nous-mêmes que nous cachons ou ignorons souvent. Le travail de l'ombre est un concept psychologique popularisé par le psychiatre suisse Carl Jung. Selon lui, l'ombre représente les parties inconscientes de notre personnalité que nous rejetons ou supprimons. En reconnaissant et en intégrant ces aspects de l'ombre, nous pouvons atteindre un plus grand sentiment de complétude et d'équilibre en nous-mêmes.

La première étape de l'exploration du concept du travail de l'ombre consiste à cultiver l'autoréflexion et la prise de conscience. Il s'agit d'examiner de plus près nos pensées, nos émotions et nos comportements, ainsi que les parties de nous-mêmes auxquelles nous hésitons peut-être à nous confronter. Grâce à l'introspection et aux pratiques de la pleine conscience, nous pouvons commencer à mettre en lumière nos traits et nos schémas d'ombre, ce qui nous permet de mieux comprendre nos motivations inconscientes et nos désirs cachés.

Identifier les traits et les schémas de l'ombre peut être un processus difficile mais gratifiant. Il nous oblige à nous confronter aux aspects de nous-mêmes que nous trouvons inconfortables ou honteux. Il peut s'agir de reconnaître des traits tels que la colère, la jalousie, l'insécurité ou toute autre qualité que nous considérons comme négative ou indésirable. En reconnaissant et en acceptant ces traits d'ombre, nous pouvons commencer à travailler à leur intégration dans notre conscience, ce qui permet une expression plus équilibrée et plus authentique de nous-mêmes.

L'acceptation des émotions désagréables est un autre aspect essentiel du travail de l'ombre. Il s'agit de se permettre d'éprouver et d'exprimer des émotions telles que la peur, la tristesse ou le chagrin, sans les juger ni les réprimer. En acceptant ces émotions inconfortables, nous pouvons nous libérer du pouvoir qu'elles exercent sur nous et acquérir un plus grand sentiment de liberté émotionnelle et de résilience.

L'acceptation de nos imperfections est une étape cruciale dans le processus du travail de l'ombre. Elle nous oblige à accepter nos défauts et nos vulnérabilités, en reconnaissant qu'ils font partie intégrante de l'expérience humaine. En acceptant nos imperfections, nous pouvons cultiver un plus grand sens de la compassion et de l'acceptation de soi, ce qui favorise une connexion plus profonde avec nous-mêmes et avec les autres.

Le pouvoir de la vulnérabilité est un aspect transformateur du travail de l'ombre. En nous autorisant à être vulnérables, nous pouvons créer des liens plus profonds avec les autres et cultiver un plus grand sens de l'authenticité et de l'intimité dans nos relations. L'acceptation de la vulnérabilité nous permet de laisser tomber les masques que nous portons et de révéler notre vrai moi, ce qui favorise un sentiment de connexion et d'appartenance authentiques.

L'exploration du concept du travail de l'ombre implique de plonger profondément dans notre esprit et de découvrir les aspects inconscients de notre personnalité. En cultivant la conscience de soi, en identifiant les traits et les schémas de l'ombre, en acceptant les émotions désagréables, en acceptant nos imperfections et en acceptant la vulnérabilité, nous pouvons commencer à intégrer nos aspects de l'ombre et atteindre un plus grand sentiment de complétude et d'authenticité. Ce processus d'intégration de l'ombre est une partie essentielle de notre voyage vers la découverte de soi et le développement personnel, menant finalement à un mode de vie plus épanouissant et plus conscient.

MISE EN PRATIQUE

(1) Pratiquez l'autoréflexion et la pleine conscience pour mettre en lumière les zones d'ombre : Prenez chaque jour le temps de réfléchir à vos pensées, à vos émotions et à vos comportements. Remarquez les schémas ou les traits de caractère que vous évitez ou niez. Par exemple, si vous vous sentez souvent jaloux dans vos relations, explorez les raisons sous-jacentes de cette émotion et la façon dont elle peut avoir un impact sur vos actions et vos relations.

(2) Identifiez et reconnaissez les traits et les schémas de l'ombre : Dressez une liste des qualités ou des comportements que vous avez tendance à rejeter ou à réprimer. Il peut s'agir de la colère, de l'insécurité ou de la peur de l'échec. En reconnaissant et en acceptant ces traits d'ombre, vous pouvez commencer à les intégrer dans votre conscience. Par exemple, si vous avez tendance à réprimer votre colère, entraînez-vous à l'exprimer de manière saine et constructive afin de créer une expression plus équilibrée et authentique de vous-même.

(3) Accueillez les émotions désagréables sans les juger ni les réprimer : Autorisez-vous à ressentir et à exprimer pleinement des émotions telles que la peur, la tristesse ou le chagrin. Créez un espace sûr pour traiter ces émotions et vous libérer de l'emprise qu'elles peuvent avoir sur vous. Par exemple, si vous vous sentez triste, donnez-vous la permission de pleurer et d'exprimer vos émotions au lieu de les réprimer.

(4) Accepter les imperfections : Reconnaître que les imperfections font naturellement partie de l'être humain. Acceptez vos défauts et vos vulnérabilités, en les traitant avec compassion et acceptation. Cela peut vous aider à cultiver une connexion plus profonde avec vous-même et avec les autres. Par exemple, si vous luttez contre l'autocritique, pratiquez l'autocompassion en reconnaissant que personne n'est parfait et en étant gentil avec vous-même lorsque vous faites des erreurs.

(5) Accepter la vulnérabilité pour approfondir les liens et l'authenticité : Autorisez-vous à être vulnérable dans vos relations et vos liens avec les autres. Partagez votre véritable personnalité, y compris vos zones d'ombre, et laissez tomber les masques que vous portez pour favoriser des relations authentiques. Par exemple, si vous avez du mal à demander de l'aide ou à vous montrer vulnérable, entraînez-vous à vous ouvrir aux autres et à être authentique à propos de vos luttes et de vos peurs.

(6) Intégrez les aspects de l'ombre pour plus de plénitude et d'authenticité : Au fur et à mesure que vous prenez conscience de vos traits et schémas d'ombre, travaillez à les intégrer dans votre conscience. Ce processus implique de comprendre les motivations qui sous-tendent ces aspects et de trouver des moyens sains de les exprimer et de les canaliser. Par exemple, si vous avez tendance à manquer d'assurance en société, prenez des mesures pour renforcer votre estime de soi et entraînez-vous à vous affirmer de manière confiante et authentique.

En général, lorsque vous vous engagez dans une réflexion sur vous-même, que vous accueillez et intégrez les parties de vous-même que vous pouvez considérer comme "sombres", que vous vous ouvrez à la vulnérabilité et que vous nourrissez de la bienveillance envers vous-même, vous pouvez entamer un voyage transformateur d'amélioration et de découverte de soi. Ce voyage peut finalement conduire à un mode de vie plus satisfaisant et plus conscient.

1.3. L'INTERSECTION DU STOÏCISME ET DU TRAVAIL DE L'OMBRE

La combinaison du stoïcisme et du travail de l'ombre est un concept intrigant et percutant qui a le potentiel d'améliorer

considérablement notre développement personnel et notre bien-être émotionnel. Le stoïcisme, une philosophie ancienne établie à Athènes par Zénon de Citium au début du IIIe siècle avant J.-C., nous enseigne comment développer la maîtrise de soi, la résilience et la force intérieure face aux défis de la vie. À l'inverse, le travail de l'ombre, concept psychologique popularisé par Carl Jung, consiste à explorer les aspects cachés et inconscients de notre personnalité afin de les intégrer à notre moi conscient.

Lorsque ces deux concepts sont réunis, nous créons une approche globale de la découverte de soi et du développement personnel. Le stoïcisme nous fournit les outils nécessaires pour affronter l'adversité avec courage et sagesse, tandis que le travail de l'ombre nous permet de découvrir et d'accepter les émotions et les traits de caractère refoulés qui sont en nous. En intégrant les deux philosophies, nous pouvons acquérir une meilleure compréhension de nous-mêmes et cultiver une plus grande résilience émotionnelle.

Le principe stoïcien du "connais-toi toi-même" est étroitement lié au concept du travail de l'ombre. Tous deux soulignent l'importance de l'autoréflexion, de la conscience de soi et de l'acceptation de nos imperfections. Le stoïcisme nous encourage à examiner nos pensées et nos comportements, tandis que le travail de l'ombre explore les aspects inconscients de notre personnalité qui peuvent influencer nos actions conscientes. En intégrant ces deux approches, nous pouvons parvenir à une compréhension plus complète et plus nuancée de nous-mêmes, ce qui conduit à un profond développement personnel.

En outre, les vertus stoïciennes de sagesse, de courage, de justice et de tempérance peuvent être directement appliquées au processus du travail de l'ombre. Lorsque nous nous confrontons aux aspects cachés de notre ombre, nous avons besoin de sagesse pour discerner les schémas et les motifs sous-jacents, de courage pour faire face aux émotions désagréables, de justice pour nous traiter avec compassion et équité, et de tempérance pour réguler nos réactions face aux révélations difficiles qui surgissent. Cette intégration nous permet de naviguer à travers les aspects sombres de notre psyché avec résilience et vertu.

En outre, le concept stoïcien de la dichotomie du contrôle peut également être appliqué au travail de l'ombre. Le stoïcisme nous apprend à identifier ce qui est sous notre contrôle et ce qui ne l'est pas, et à concentrer notre énergie sur le premier. Appliqué au travail de l'ombre, ce principe nous aide à déterminer les aspects de notre ombre que nous pouvons consciemment intégrer et ceux qui peuvent nécessiter une assistance professionnelle ou une introspection plus poussée. En incorporant la dichotomie stoïcienne du contrôle, nous abordons le travail de l'ombre avec un objectif et une direction clairs.

L'intersection du stoïcisme et du travail de l'ombre fournit un cadre puissant pour le développement personnel et la guérison émotionnelle. En intégrant la sagesse intemporelle du stoïcisme à la profondeur du travail de l'ombre, nous nous embarquons dans un voyage de découverte de soi qui est à la fois enrichissant et transformateur. Cette approche holistique nous permet de cultiver la résilience émotionnelle, d'approfondir notre conscience de soi et d'embrasser l'intégralité de notre être avec courage et compassion.

MISE EN PRATIQUE

(1) Pratiquez l'autoréflexion et la conscience de soi : Réservez du temps chaque jour pour réfléchir à vos pensées et à vos comportements, et pour devenir plus conscient de vos émotions et de vos schémas. Vous pouvez le faire en tenant un journal, en méditant ou simplement en prenant quelques minutes de silence pour observer votre état interne. Exemple : Chaque soir, passez 10 minutes à tenir un journal sur votre journée. Réfléchissez à vos interactions, vos pensées et vos émotions. Remarquez les schémas récurrents ou les éléments déclencheurs qui apparaissent. En vous

livrant régulièrement à l'auto-réflexion, vous pouvez approfondir votre compréhension de vous-même et identifier les domaines dans lesquels vous pouvez vous développer.

(2) Embrassez et explorez votre part d'ombre : Prenez le temps de reconnaître et d'intégrer les aspects cachés de votre personnalité que vous avez peut-être réprimés ou négligés. Il peut s'agir de suivre une thérapie ou de demander conseil à un professionnel spécialisé dans le travail sur l'ombre, ou de s'engager dans des pratiques telles que l'analyse des rêves ou l'expression créative, qui aident à découvrir ces aspects inconscients. Exemple : Envisagez de travailler avec un thérapeute formé au travail de l'ombre pour explorer les émotions ou les expériences refoulées de votre passé. En embrassant votre part d'ombre avec le soutien d'un professionnel, vous pouvez mieux comprendre vos motivations inconscientes et développer des stratégies de guérison et d'épanouissement.

(3) Cultiver les vertus stoïciennes : Développez des qualités telles que la sagesse, le courage, la justice et la tempérance pour traverser le processus du travail de l'ombre avec résilience et vertu. Entraînez-vous à prendre des décisions et à agir en accord avec ces vertus et efforcez-vous de les incarner dans votre vie quotidienne. Exemple : Lorsque vous êtes confronté à des émotions désagréables ou à des révélations difficiles au cours du travail de l'ombre, cultivez la vertu du courage en vous autorisant à vivre et à traiter pleinement ces sentiments. Pratiquez la tempérance en régulant vos réactions et en évitant les comportements impulsifs. En incarnant ces vertus, vous pouvez naviguer dans les profondeurs de votre psyché avec force et intégrité.

(4) Appliquez la dichotomie stoïcienne du contrôle : Reconnaissez les aspects de votre ombre que vous pouvez consciemment intégrer et sur lesquels vous pouvez travailler, et identifiez ceux qui peuvent nécessiter une introspection plus poussée ou une assistance professionnelle. Concentrez votre énergie et vos efforts sur les aspects que vous maîtrisez et demandez de l'aide pour ceux qui nécessitent des conseils supplémentaires. Exemple : En explorant votre ombre, faites la différence entre les traits ou les émotions que vous pouvez intégrer de manière autonome et ceux qui peuvent nécessiter l'aide

d'un thérapeute ou d'un coach. Concentrez-vous sur les aspects que vous pouvez contrôler, comme la modification de certains comportements, tout en reconnaissant qu'il est utile de demander l'aide d'un professionnel pour approfondir l'exploration et la guérison.

(5) S'engager dans une découverte holistique de soi : Adoptez l'approche holistique de l'intégration du stoïcisme et du travail de l'ombre pour cultiver la résilience émotionnelle, approfondir la conscience de soi et embrasser l'ensemble de votre être. Explorez les ressources, les livres et les ateliers qui combinent ces deux philosophies afin d'améliorer votre parcours de développement personnel. Exemple : Participez à un atelier ou rejoignez un club de lecture qui se concentre sur l'intersection du stoïcisme et du travail de l'ombre. Participez à des discussions et à des activités qui offrent des outils pratiques pour la résilience émotionnelle et la découverte de soi. En vous immergeant dans cette approche holistique, vous pouvez accélérer votre croissance et votre transformation personnelles.

Veillez à adapter ces actions à vos besoins spécifiques et à vos préférences personnelles. Si vous en ressentez le besoin, n'hésitez pas à demander l'avis ou les conseils d'un professionnel.

1.4. AVANTAGES DE L'INTÉGRATION DU STOÏCISME ET DU TRAVAIL DANS L'OMBRE

La combinaison du stoïcisme et du travail de l'ombre apporte de nombreux avantages qui peuvent avoir un impact profond sur la vie d'une personne. En fusionnant la sagesse ancienne du stoïcisme avec le concept psychologique moderne du travail de l'ombre, les individus peuvent développer un sens plus fort de la conscience de soi, de la résilience et de l'intelligence émotionnelle.

L'un des principaux avantages de l'intégration du stoïcisme et du travail de l'ombre est la possibilité d'améliorer la connaissance de soi. Grâce au travail de l'ombre, les individus peuvent découvrir des aspects cachés de leur personnalité, tels que les peurs, les insécurités et les émotions non résolues. Ce processus permet une compréhension plus profonde de soi-même et de ses actions, ce qui est indispensable à la croissance et au développement personnels. En incorporant les principes stoïciens de l'autoréflexion et de la pleine conscience, les individus peuvent apprendre à observer et à accepter ces aspects cachés sans jugement, ce qui se traduit par un sens accru de la conscience de soi et de l'acceptation.

Un autre avantage de la combinaison du stoïcisme et du travail de l'ombre est la culture de la résilience émotionnelle. Le stoïcisme apprend aux individus à aborder les défis de la vie avec sang-froid et rationalité, tandis que le travail de l'ombre leur permet de faire face à leurs blessures émotionnelles et de les surmonter. En intégrant ces approches, les individus peuvent développer leur résilience émotionnelle en reconnaissant et en traitant les émotions difficiles, ainsi qu'en répondant aux situations exigeantes avec un meilleur équilibre émotionnel et une plus grande sérénité. Cette intégration peut finalement conduire à une plus grande force intérieure et à une stabilité émotionnelle, même face à l'adversité.

En outre, l'intégration du stoïcisme et du travail de l'ombre peut contribuer à un profond sentiment de sérénité intérieure et de satisfaction. Les principes stoïciens d'acceptation et de gratitude aident les individus à trouver le contentement dans le moment présent, tandis que le travail de l'ombre facilite la guérison des blessures du passé et la libération des schémas de pensée et de comportement nuisibles. Grâce à cette intégration, les individus peuvent cultiver un plus grand sentiment de paix et d'épanouissement dans leur vie, en affrontant les défis de la vie avec acceptation et sérénité.

De plus, l'intégration du stoïcisme et du travail de l'ombre peut favoriser un mode de vie plus authentique et aligné. En découvrant et en intégrant leur part d'ombre, les individus peuvent aligner leurs pensées, leurs émotions et leurs comportements sur leurs vraies valeurs et leur raison d'être. Les principes stoïciens de la vie vertueuse et de la vie en accord avec ses valeurs peuvent être renforcés par le processus du travail de l'ombre, ce qui se traduit par un mode de vie plus authentique et plus gratifiant.

Enfin, l'intégration du stoïcisme et du travail de l'ombre peut faciliter un sentiment accru de responsabilisation et de croissance personnelle. En affrontant et en intégrant leurs aspects sombres, les individus peuvent récupérer le pouvoir qu'ils ont peut-être perdu à cause de schémas et de peurs inconscients. Ce pouvoir, combiné à la résilience et à la conscience de soi cultivées par les pratiques stoïciennes, peut conduire à un développement et à une transformation personnels considérables.

L'intégration du stoïcisme et du travail de l'ombre offre un large éventail d'avantages, notamment une meilleure connaissance de soi, une résilience émotionnelle, la paix intérieure, l'authenticité et la responsabilisation. En combinant ces deux approches puissantes, les individus peuvent cultiver un mode de vie plus conscient et plus épanouissant, libéré des contraintes des peurs et des schémas inconscients.

MISE EN PRATIQUE

(1) Pratiquer l'autoréflexion et la pleine conscience pour améliorer la connaissance de soi. Exemple : Réservez un temps spécifique chaque jour pour réfléchir à vos pensées, vos émotions et vos comportements sans porter de jugement. Observez les aspects obscurs qui surgissent et efforcez-vous de les comprendre sans les qualifier de bons ou de mauvais.

(2) Le travail de l'ombre permet de découvrir des aspects cachés de sa personnalité et de travailler sur des blessures émotionnelles. Exemple : Commencez à tenir un journal dans lequel vous explorerez vos peurs, vos insécurités et vos émotions non résolues. Écrivez librement et honnêtement, en vous autorisant à plonger dans votre subconscient et à exprimer toute émotion ou expérience refoulée.

(3) Cultiver la résilience émotionnelle en mettant en pratique les principes stoïciens dans les situations difficiles. Exemple : Lorsque vous êtes confronté à une situation difficile, prenez le temps de vous

arrêter, d'observer vos émotions sans les juger et de réagir avec un esprit calme et rationnel. Concentrez-vous sur l'acceptation de la situation et la recherche d'une solution plutôt que de vous laisser submerger par vos émotions.

(4) Pratiquez l'acceptation et la gratitude pour trouver la paix intérieure et le contentement dans le moment présent. Exemple : Chaque jour, dressez une liste de trois choses pour lesquelles vous êtes reconnaissant. Prenez quelques instants pour réfléchir à ces choses et pratiquez l'acceptation du moment présent tel qu'il est, sans chercher à le changer ou à le contrôler.

(5) Alignez vos pensées, vos émotions et vos comportements sur vos vraies valeurs et votre objectif. Exemple : Identifiez vos valeurs fondamentales et créez un tableau de vision qui les représente. Utilisez ce rappel visuel pour aligner vos actions et décisions quotidiennes sur ces valeurs, afin de vous assurer que vous vivez de manière authentique et en accord avec ce qui compte vraiment pour vous.

(6) Affrontez et intégrez vos aspects d'ombre pour récupérer votre pouvoir personnel et favoriser votre développement personnel. Exemple : Consulter un thérapeute ou un conseiller pour travailler sur les traumatismes du passé et les schémas inconscients. Participez à des activités qui remettent en question votre zone de confort et affrontez vos peurs, ce qui vous permettra de grandir et d'accéder à votre pouvoir personnel.

(7) Combinez les pratiques stoïciennes avec le travail de l'ombre pour créer un mode de vie plus conscient et plus satisfaisant. Exemple : Consacrez du temps chaque semaine à l'auto-réflexion et aux exercices de travail de l'ombre. Alternez entre la pratique des principes stoïciens et l'exploration des aspects de l'ombre, ce qui permet un voyage de croissance holistique qui intègre les deux philosophies.

En suivant ces conseils pratiques, vous pourrez profiter des avantages de l'intégration du stoïcisme et du travail de l'ombre dans votre vie, ce qui se traduira par un développement personnel, une résilience et un mode de vie authentique.

1.5. Comment ce livre peut vous aider à grandir

Ce livre a été méticuleusement conçu dans le but de vous guider dans un voyage transformateur de croissance personnelle et de découverte de soi. En combinant la sagesse ancienne du stoïcisme avec le processus introspectif du travail de l'ombre, ce livre présente une approche unique pour naviguer dans les défis de la vie et trouver la force intérieure. Que vous cherchiez à mieux vous connaître, à cultiver votre résilience ou à trouver un sens et un but plus importants, ce livre vous offre des outils pratiques et des idées précieuses pour vous accompagner sur le chemin de la croissance.

L'une des principales façons dont ce livre peut faciliter votre croissance est de vous fournir une compréhension complète de la façon dont le stoïcisme et le travail de l'ombre s'entrecroisent. En explorant les principes du stoïcisme et le concept de l'ombre, vous développerez une conscience accrue de la manière dont ces deux philosophies peuvent se compléter dans votre parcours de développement personnel. Cette connaissance fondamentale vous permettra de  naviguer dans les complexités de votre monde intérieur avec clarté et perspicacité, conduisant finalement à un sens plus profond de la conscience de soi et de l'intelligence émotionnelle.

En outre, ce livre propose des exercices pratiques et des techniques spécialement conçus pour vous aider à progresser et à intégrer ces philosophies dans votre vie quotidienne. De l'incitation à l'autoréflexion aux pratiques de pleine conscience, chaque chapitre présente des mesures concrètes que vous pouvez mettre en œuvre pour approfondir votre compréhension des principes stoïciens et du travail de l'ombre. En vous engageant dans ces exercices, vous aurez l'occasion d'appliquer ces concepts de manière pratique, ce qui conduira à une transformation plus profonde et durable.

En outre, ce livre peut vous aider à progresser en vous offrant un cadre de soutien et de compassion pour affronter vos démons intérieurs. En embrassant les aspects sombres de votre psyché et en apprenant à gérer les émotions inconfortables, vous développerez une plus grande résilience et une plus grande force intérieure. Ce processus d'intégration de l'ombre, associé aux principes stoïciens d'acceptation et de vertu, vous permettra d'affronter vos peurs et vos limites avec courage et grâce, ce qui débouchera sur une vie plus authentique et plus épanouissante.

En outre, ce livre peut vous aider à progresser en vous offrant de précieuses indications sur la nature des défis et des revers, et sur la manière de les surmonter avec une sagesse stoïque. En explorant le concept de contrôle et en cultivant la résilience émotionnelle, vous serez mieux préparé à affronter l'adversité avec calme et persévérance. Cette approche vous permettra de transformer la douleur en croissance et de développer la résilience mentale et émotionnelle nécessaire pour surmonter les obstacles de la vie avec détermination et grâce.

En substance, ce livre présente une approche holistique du développement personnel, intégrant la sagesse intemporelle du stoïcisme et les perspectives profondes du travail de l'ombre. En fournissant une feuille de route pour la découverte de soi, la résilience émotionnelle et la transformation intérieure, ce livre est une ressource précieuse pour tous ceux qui cherchent à cultiver un mode de vie plus significatif et plus conscient. Grâce à ses exercices pratiques, ses conseils empreints de compassion et ses idées profondes, ce livre a le potentiel de vous accompagner dans un puissant voyage de croissance et de découverte de soi.

MISE EN PRATIQUE

(1) Explorez les principes du stoïcisme et le concept de l'ombre pour mieux comprendre leur intersection et la manière dont ils peuvent se compléter dans le cadre du développement personnel. Exemple : Lire des livres ou participer à des ateliers sur le stoïcisme et le travail de l'ombre pour en savoir plus sur ces philosophies et sur la manière

dont elles peuvent être appliquées dans la vie quotidienne. Réfléchir aux principes stoïciens et explorer le concept de l'ombre par l'introspection et la tenue d'un journal.

(2) Faites des exercices pratiques et utilisez les techniques proposées dans le livre pour intégrer le stoïcisme et le travail de l'ombre dans votre vie quotidienne. Exemple : Pratiquez les exercices d'autoréflexion et de pleine conscience proposés dans le livre pour approfondir la compréhension et l'application des principes stoïciens et du travail de l'ombre. Mettez en œuvre ces pratiques de manière cohérente pour développer une meilleure conscience de soi et une plus grande intelligence émotionnelle.

(3) Accueillir et gérer les émotions désagréables en s'engageant dans le processus d'intégration de l'ombre. Exemple : Lorsque vous êtes confronté à des sentiments de colère ou de peur, faites une pause et reconnaissez la présence de ces émotions. Au lieu de les éviter ou de les réprimer, explorez leurs causes et leurs déclencheurs sous-jacents. Utilisez les principes stoïques d'acceptation et de vertu pour faire face à ces émotions et les surmonter avec courage et grâce.

(4) Développer la résilience et la force intérieure pour faire face aux défis et aux revers avec un état d'esprit stoïque. Exemple : Cultiver la résilience émotionnelle en pratiquant la pleine conscience et des exercices stoïques tels que se concentrer sur ce que l'on peut contrôler et considérer les revers comme des opportunités de croissance. Considérez les défis comme des épreuves de caractère et abordez-les avec détermination et sérénité.

(5) Transformer la douleur en croissance en appliquant la sagesse stoïque pour surmonter l'adversité. Exemple : Lorsque vous êtes confronté à une situation difficile, rappelez-vous le principe stoïcien qui consiste à accepter ce que vous ne pouvez pas contrôler et à vous concentrer sur ce que vous pouvez contrôler. Canalisez votre énergie pour trouver des solutions et conserver un état d'esprit positif. Utilisez les revers comme des occasions d'apprendre et de grandir, pour finalement devenir plus fort mentalement et émotionnellement.

(6) Cultiver un mode de vie significatif et conscient en intégrant la sagesse du stoïcisme et du travail de l'ombre. Exemple : Incorporer les principes stoïciens tels que l'acceptation, la vertu et la

concentration sur le moment présent dans la vie quotidienne. S'engager dans des pratiques régulières de travail de l'ombre, telles que la tenue d'un journal et l'autoréflexion, afin d'explorer et d'intégrer les aspects inconscients de soi. Aligner les actions et les décisions sur les valeurs personnelles et rechercher l'authenticité et l'épanouissement.

2. Se connaître soi-même : Dévoiler l'ombre

2.1. AUTO-RÉFLEXION ET PRISE DE CONSCIENCE

L'autoréflexion et la conscience de soi jouent un rôle essentiel dans le travail de l'ombre et le stoïcisme. Lorsque nous prenons le temps de regarder à l'intérieur de nous et d'évaluer honnêtement nos pensées, nos sentiments et nos comportements, nous acquérons une meilleure compréhension de nous-mêmes et de notre part d'ombre. Ce processus nous aide à identifier les schémas, les déclencheurs et les domaines dans lesquels nous pouvons nous développer personnellement, préparant ainsi le terrain pour une intégration transformatrice et significative de notre ombre.

L'autoréflexion consiste à faire une pause active et à examiner nos expériences, nos actions et nos émotions. Elle exige que nous soyons sincères avec nous-mêmes, que nous remettions en question nos motivations et que nous plongions dans les significations profondes de nos pensées et de nos comportements. Grâce à l'autoréflexion, nous commençons à démêler les couches de notre psyché, à mieux comprendre nos traits d'ombre et à découvrir des aspects de nous-mêmes que nous avons peut-être évités ou supprimés.

D'autre part, la conscience de soi implique d'être présent et attentif à nos pensées, nos émotions et nos tendances lorsqu'elles se manifestent dans notre vie quotidienne. C'est la pratique de l'observation de soi sans jugement, qui nous permet de reconnaître quand nos traits d'ombre influencent nos actions et nos choix. Cultiver la conscience de soi nous permet d'intercepter et de traiter nos schémas d'ombre en temps réel, en les empêchant de dicter inconsciemment notre comportement et nos réactions.

En combinant l'autoréflexion et la conscience de soi, nous pouvons lancer le processus d'intégration de notre ombre et renforcer notre amélioration stoïque de soi. Ces pratiques mettent en lumière les profondeurs de notre psyché, amenant nos aspects sombres à la conscience. Armés de cette nouvelle conscience, nous acquérons les connaissances nécessaires pour prendre des décisions éclairées sur la façon dont nous nous engageons avec notre ombre, ce qui conduit finalement à son intégration et à une expression plus équilibrée et authentique de nous-mêmes.

Prenons l'exemple d'une personne qui a des problèmes de colère. En réfléchissant sur elle-même, cette personne peut commencer à reconnaître les causes sous-jacentes de sa colère, telles que la peur, l'insécurité ou des traumatismes passés. Cette nouvelle prise de conscience lui permet de se saisir du moment où la colère surgit, ce qui lui donne la possibilité de choisir une réponse plus stoïque et constructive. Ils peuvent en venir à réaliser que leur colère est une manifestation de leur ombre et qu'en la reconnaissant et en travaillant avec elle, ils peuvent commencer à la transformer en une source de force et de sagesse.

En outre, l'autoréflexion et la conscience de soi permettent aux individus de comprendre les causes profondes de leurs comportements et de faire des choix conscients qui s'alignent sur leurs valeurs et vertus stoïques. En découvrant leurs traits et schémas d'ombre, les individus peuvent cultiver un plus grand sens de la maîtrise de soi et de la résilience émotionnelle, ouvrant ainsi la voie à une vie plus harmonieuse et plus épanouissante.

La combinaison de l'autoréflexion et de la conscience de soi agit comme un puissant catalyseur pour intégrer notre ombre et favoriser la croissance stoïque. En pratiquant ces techniques, les individus peuvent acquérir une profonde compréhension d'eux-mêmes, identifier leurs zones d'ombre et prendre des mesures intentionnelles pour les intégrer. Ce voyage permet de développer une intelligence émotionnelle, une résilience et une authenticité accrues, menant finalement à une vie plus épanouie et vertueuse.

MISE EN PRATIQUE

(1) Pratiquez l'autoréflexion : Prenez chaque jour le temps de vous arrêter et d'examiner vos pensées, vos actions et vos émotions. Demandez-vous pourquoi vous vous sentez d'une certaine façon ou pourquoi vous avez réagi d'une manière particulière. Cette pratique vous aidera à mieux comprendre vos traits d'ombre et à découvrir les aspects de vous-même que vous évitez ou refoulez. Exemple : Chaque soir, réservez 10 minutes pour réfléchir à votre journée. Demandez-vous pourquoi vous vous êtes senti en colère lors d'une interaction particulière et explorez les causes sous-jacentes, telles que la peur ou l'insécurité. Cette réflexion vous permettra d'être plus conscient de votre ombre et de faire des choix conscients dans des situations similaires à l'avenir.

(2) Cultivez la conscience : Soyez attentif et présent dans votre vie quotidienne, en observant vos pensées, vos émotions et vos tendances au fur et à mesure qu'elles se manifestent. Pratiquez le non-jugement et l'acceptation de vous-même, ce qui vous permettra de reconnaître quand vos traits d'ombre influencent vos actions et vos choix. Exemple : Tout au long de la journée, faites un effort conscient pour être attentif à vos pensées et à vos émotions. Remarquez quand les sentiments de jalousie se manifestent et observez comment ils influencent votre comportement. En prenant conscience de ces schémas, vous pouvez choisir de réagir différemment et d'empêcher vos traits d'ombre de dicter vos actions.

(3) Identifiez les déclencheurs et les schémas : Prêtez attention aux situations ou événements récurrents qui semblent faire ressortir vos aspects sombres. Reconnaissez les éléments déclencheurs qui conduisent à certaines pensées, émotions ou comportements, et explorez les moyens de les aborder et de les transformer. Exemple : Remarquez quand vous avez tendance à vous sentir sur la défensive

ou peu sûr de vous. Identifiez les situations spécifiques ou les éléments déclencheurs qui conduisent à ces sentiments, comme le fait de recevoir des critiques ou d'être comparé à d'autres. Une fois que vous avez identifié ces déclencheurs, vous pouvez travailler à l'élaboration de stratégies pour y répondre d'une manière plus stoïque et constructive.

(4) Prenez des mesures intentionnelles en vue de l'intégration : Une fois que vous avez pris conscience de vos aspects sombres et que vous avez identifié les déclencheurs, travaillez activement à les intégrer dans votre vie. Il s'agit de choisir consciemment comment réagir aux situations et d'utiliser votre nouvelle conscience pour prendre des décisions éclairées en accord avec vos valeurs. Exemple : Au lieu de réprimer votre colère ou de la laisser contrôler vos actions, choisissez de la reconnaître et de travailler avec elle. Reconnaissez que la colère peut être une source d'information précieuse et utilisez-la comme une opportunité de croissance et d'amélioration personnelle. En intégrant votre colère de manière stoïque et constructive, vous pouvez la transformer en une source de force et de sagesse.

(5) Développer la résilience émotionnelle et la maîtrise de soi : En pratiquant l'autoréflexion et la prise de conscience, vous pouvez cultiver une plus grande intelligence émotionnelle et une plus grande résilience. En comprenant les causes profondes de vos comportements et en faisant des choix conscients, vous pouvez aligner vos actions sur vos valeurs et vertus stoïques. Exemple : Lorsque vous êtes confronté à une situation difficile, prenez le temps de réfléchir à vos émotions et à vos motivations sous-jacentes avant de réagir. Choisissez de réagir d'une manière conforme à vos valeurs stoïques, en faisant preuve de patience ou en pardonnant, par exemple. Cette pratique intentionnelle vous aidera à développer votre résilience émotionnelle et à renforcer votre sentiment de maîtrise de soi.

(6) Recherchez l'authenticité et l'épanouissement : Le but ultime de l'intégration de l'ombre et de la croissance stoïque est de vivre une vie plus harmonieuse et plus épanouie. Acceptez les aspects de votre ombre comme faisant partie de votre expression personnelle authentique et faites des choix qui correspondent à vos vraies valeurs

et vertus. Exemple : Réfléchissez à ce qui vous apporte vraiment de la joie et de l'épanouissement dans la vie, sans tenir compte des attentes de la société ou des influences extérieures. Alignez vos actions et vos décisions sur votre personnalité authentique, même si cela implique d'aller à l'encontre des normes sociétales. En vivant de manière authentique, vous pouvez cultiver un sentiment d'épanouissement et mener une vie plus vertueuse.

2.2. IDENTIFIER LES TRAITS ET LES MODÈLES DE L'OMBRE

Comprendre les traits et les schémas de l'ombre est d'une importance capitale lorsque l'on se plonge dans le monde du travail de l'ombre. Elle nous permet d'acquérir une compréhension profonde de nos comportements subconscients et de nos schémas de pensée. Au cours de ce voyage, nous sommes souvent confrontés à des aspects de nous-mêmes que nous avons réprimés ou niés, et ces traits et schémas de l'ombre peuvent se manifester de nombreuses façons dans notre vie.

L'étape initiale de l'identification de ces traits et schémas de l'ombre consiste à cultiver l'autoréflexion et la prise de conscience. Il s'agit de consacrer du temps à l'observation de nos pensées, de nos émotions et de nos réactions sans porter de jugement. En pratiquant la pleine conscience, nous pouvons commencer à reconnaître les

schémas comportementaux récurrents et les réactions émotionnelles qui peuvent découler de nos aspects sombres. En développant ce niveau élevé de conscience de soi, nous pouvons découvrir les motivations et les croyances sous-jacentes à nos actions.

Une fois que nous avons atteint un certain niveau d'introspection et de conscience, nous pouvons alors procéder à l'identification des traits d'ombre et des schémas spécifiques qui influencent grandement notre comportement. Ces traits peuvent inclure des qualités telles que l'envie, l'avidité, la colère ou l'égoïsme, ainsi que des peurs et des insécurités profondément ancrées. En examinant honnêtement et ouvertement ces traits, nous pouvons commencer à comprendre comment ils se manifestent dans notre vie quotidienne et dans nos relations.

Il est essentiel pour nous d'accepter les émotions désagréables qui peuvent surgir lorsque nous identifions nos traits et schémas d'ombre. Souvent, ces émotions ont été réprimées pendant un certain temps, ce qui rend leur reconnaissance difficile. Cependant, en affrontant ces émotions de front, nous pouvons commencer à démanteler le pouvoir que nos traits d'ombre exercent sur nous. Ce processus nous permet d'accéder à la liberté émotionnelle et ouvre la voie à la croissance et à la transformation personnelles.

En plus de reconnaître les traits d'ombre individuels, nous devrions également prêter attention aux schémas de comportement récurrents dans notre vie. Ces schémas peuvent se manifester dans différents contextes, tels que les relations, les carrières ou les objectifs personnels. En reconnaissant ces schémas, nous pouvons mieux comprendre comment nos aspects de l'ombre influencent notre prise de décision et nos réponses à différentes situations.

Par exemple, si nous nous trouvons constamment dans des relations toxiques, il peut être nécessaire d'explorer les croyances et les peurs sous-jacentes qui attirent ces dynamiques dans nos vies. En identifiant et en comprenant ces schémas, nous pouvons alors nous efforcer de rompre le cycle et d'entretenir des relations plus saines et plus épanouissantes.

En outre, l'identification des traits et des schémas de l'ombre ne consiste pas seulement à mettre en lumière des aspects négatifs de nous-mêmes. C'est aussi l'occasion de reconnaître des talents, des désirs et des aspirations cachés qui ont pu être réprimés. En reconnaissant ces aspects, nous pouvons exploiter pleinement notre potentiel et vivre une vie plus authentique et plus utile.

Le processus d'identification des traits et des schémas de l'ombre joue un rôle essentiel dans le cheminement du travail de l'ombre. En favorisant l'autoréflexion et la prise de conscience, en acceptant les émotions désagréables et en reconnaissant les schémas de comportement récurrents, nous pouvons acquérir une meilleure compréhension de l'influence qu'exercent sur nous les aspects de l'ombre. Cette prise de conscience ouvre la voie à la croissance et à la transformation personnelles, nous permettant d'évoluer vers une existence plus intégrée et plus épanouissante.

MISE EN PRATIQUE

(1) Développer l'autoréflexion et la prise de conscience par des pratiques de pleine conscience. Exemple : Prenez 10 minutes par jour pour pratiquer une méditation de pleine conscience. Observez vos pensées, vos émotions et vos réactions sans porter de jugement. Remarquez les schémas de comportement ou les réactions émotionnelles récurrentes qui peuvent découler de vos aspects sombres. Cette pratique vous aidera à développer un niveau élevé de conscience de soi et à commencer à découvrir les motivations et les croyances sous-jacentes qui motivent vos actions.

(2) Identifiez les traits et les schémas spécifiques de l'ombre qui influencent votre comportement. Exemple : Dressez une liste des qualités ou des comportements que vous avez remarqués chez vous, tels que l'envie, la cupidité, la colère ou l'égoïsme. Réfléchissez à la façon dont ces traits se manifestent dans votre vie quotidienne et dans vos relations. Soyez honnête et ouvert avec vous-même lorsque vous examinez ces traits de caractère, afin de comprendre comment ils influencent vos actions.

(3) Accueillez les émotions désagréables qui surgissent lorsque vous identifiez vos traits et schémas d'ombre. Exemple : Lorsque vous ressentez des émotions désagréables, au lieu de les éviter ou de les refouler, permettez-vous de les vivre pleinement. Restez dans l'inconfort et explorez les raisons sous-jacentes de ces émotions. En les affrontant de front, vous pouvez commencer à démanteler le pouvoir que vos traits d'ombre exercent sur vous et faire l'expérience d'une plus grande liberté émotionnelle et d'un plus grand épanouissement personnel.

(4) Soyez attentif aux schémas de comportement récurrents dans différents domaines de votre vie. Exemple : Réfléchissez aux schémas

récurrents dans vos relations, votre carrière ou vos objectifs personnels. Remarquez s'il existe des thèmes ou des dynamiques communs. Par exemple, si vous attirez constamment des relations toxiques, explorez les croyances et les peurs sous-jacentes qui contribuent à ce schéma. En identifiant et en comprenant ces schémas, vous pouvez travailler activement à rompre le cycle et à créer des expériences plus saines et plus épanouissantes.

(5) Reconnaître et accueillir les talents, les désirs et les aspirations cachés qui ont pu être réprimés. Exemple : Prenez le temps de réfléchir aux talents, désirs ou aspirations que vous avez réprimés ou ignorés. Réfléchissez à la manière dont ces aspects cachés de vous-même peuvent contribuer à une vie plus authentique et plus utile. Exploitez ces talents ou explorez les possibilités de poursuivre vos désirs et vos aspirations, en vous permettant d'exprimer pleinement votre potentiel.

(6) Utiliser le processus d'identification des traits et des schémas de l'ombre comme une opportunité de croissance et de transformation personnelle. Exemple : Considérez le travail sur l'ombre comme une chance de grandir et de se transformer en tant qu'individu. Acceptez les défis et l'inconfort qui peuvent survenir au cours de ce processus, sachant que c'est grâce à cette exploration de soi que vous pouvez progresser vers une existence plus intégrée et plus épanouissante. Recherchez continuellement des opportunités d'auto-réflexion, de prise de conscience et de développement personnel au cours de votre voyage dans le travail de l'ombre.

2.3. ACCEPTER LES ÉMOTIONS DÉSAGRÉABLES

L'acceptation des émotions difficiles est une composante essentielle du travail de l'ombre et du stoïcisme. Dans la société actuelle, on a souvent tendance à éviter ou à supprimer les émotions considérées comme négatives ou inconfortables, telles que la peur, la colère ou la tristesse. Cependant, le stoïcisme nous enseigne que ces émotions font naturellement partie de l'être humain et qu'en les acceptant, nous pouvons acquérir de précieuses connaissances et devenir des individus plus forts.

Lorsque nous évitons les émotions désagréables, nous ignorons essentiellement des signaux importants de notre propre psyché. Ces émotions surviennent souvent en réponse à une menace ou à un défi perçu, et en les reconnaissant et en les accueillant, nous pouvons développer une meilleure compréhension de nous-mêmes et de nos véritables besoins. Par exemple, la peur peut indiquer que nous sommes confrontés à une situation qui exige de la bravoure et de la résistance, tandis que la colère peut signaler que nos limites ont été violées.

Dans le domaine du travail de l'ombre, les émotions désagréables sont souvent liées à des aspects de nous-mêmes que nous préférerions cacher ou nier. En accueillant ces émotions, nous pouvons mettre en lumière les aspects obscurs de notre personnalité et entamer le processus d'intégration dans notre conscience. Cela peut conduire à une perception de soi plus harmonieuse et plus authentique.

La pratique des principes stoïques nous permet d'aborder les émotions désagréables avec sagesse et courage. En reconnaissant l'impermanence de ces émotions, nous pouvons apprendre à les observer sans nous sentir submergés ni réagir impulsivement. Cela nous permet de répondre à nos émotions à partir d'un lieu de force intérieure et de résilience, plutôt que d'être contrôlé par elles.

L'une des techniques pratiques permettant d'accepter les émotions désagréables est la pleine conscience. La pleine conscience consiste à prendre conscience de nos pensées, de nos émotions et de nos sensations physiques sans porter de jugement. En pratiquant la pleine conscience de nos émotions désagréables, nous pouvons créer un espace autour d'elles, ce qui nous permet de les observer avec curiosité et compassion. Cela peut nous aider à établir une relation plus équilibrée avec nos émotions, plutôt que de nous laisser emporter par elles.

Un autre aspect important de l'acceptation des émotions désagréables est la pratique de l'autocompassion. L'autocompassion consiste à se traiter avec la même gentillesse et la même compréhension que l'on offrirait à un ami proche en période de souffrance. Lorsque nous sommes capables d'aborder notre propre malaise avec compassion, nous pouvons commencer à guérir les parties blessées de nous-mêmes et embrasser notre ombre avec amour et acceptation.

Accepter les émotions désagréables est un élément fondamental de la philosophie stoïcienne et du travail de l'ombre. En abordant ces émotions en pleine conscience, avec courage et compassion, nous pouvons tirer de précieuses leçons sur nous-mêmes et intégrer nos zones d'ombre dans notre conscience. Ce processus peut conduire à un plus grand sentiment d'authenticité, de résilience et de paix intérieure.

MISE EN PRATIQUE

(1) Pratiquer la pleine conscience pour accueillir les émotions désagréables : En prenant conscience de nos pensées, de nos émotions et de nos sensations corporelles sans porter de jugement, nous pouvons créer un espace autour des émotions désagréables. Par exemple, lorsqu'une personne ressent de la peur, elle peut pratiquer la pleine conscience en reconnaissant sa peur, en observant les sensations physiques qui y sont associées et en l'acceptant sans jugement. Cela lui permet de développer une relation plus équilibrée et plus compatissante avec ses émotions.

(2) Appliquer les principes stoïciens pour aborder les émotions désagréables : En reconnaissant l'impermanence de ces émotions, les individus peuvent apprendre à les observer sans se laisser submerger ni réagir. Par exemple, en cas de colère, on peut se rappeler que la colère est temporaire et qu'au lieu de réagir impulsivement, on peut répondre à l'émotion avec sagesse et résilience.

(3) Cultivez l'autocompassion lorsque vous êtes confronté à des émotions désagréables : Se traiter avec gentillesse et compréhension dans les moments de souffrance est un aspect essentiel de

l'autocompassion. Par exemple, en cas de tristesse, une personne peut s'offrir des paroles réconfortantes et se rappeler qu'il est naturel d'éprouver de la tristesse. Cette pratique aide à guérir les parties blessées de soi-même et à embrasser les aspects sombres avec amour et acceptation.

(4) Intégrer les émotions désagréables dans la conscience pour favoriser l'épanouissement personnel : En acceptant les émotions désagréables, les individus peuvent acquérir une meilleure compréhension d'eux-mêmes et de leurs besoins. Par exemple, lorsqu'ils ressentent de la peur, ils peuvent la reconnaître comme une occasion de développer leur courage et leur résilience. Ce processus d'intégration des émotions inconfortables permet le développement personnel, conduisant à un plus grand sentiment d'authenticité et de paix intérieure. Exemple illustrant l'application de l'item :

(5) Lorsque l'on est confronté à la peur, la pratique de la pleine conscience peut consister à reconnaître la peur, à observer l'accélération du rythme cardiaque et la respiration superficielle, et à accepter la peur sans jugement. En créant un espace autour de la peur grâce à la pleine conscience, les individus peuvent aborder la situation avec clarté et prendre des décisions à partir d'un lieu de force intérieure et de résilience.

(6) Lorsque l'on ressent de la colère, l'application des principes stoïques peut consister à se rappeler que la colère est temporaire et qu'elle ne définit pas la situation ou le soi. En observant la colère sans devenir réactif, les individus peuvent répondre à l'émotion avec sagesse et courage, en abordant le problème sous-jacent de manière calme et constructive.

(7) Lorsque l'on est confronté à la tristesse, cultiver l'autocompassion peut consister à s'offrir des paroles réconfortantes et à reconnaître que la tristesse est un élément normal de l'expérience humaine. En se traitant avec gentillesse et compréhension, les individus peuvent commencer à guérir les parties blessées d'eux-mêmes et accueillir leurs émotions avec amour et acceptation.

(8) Lorsque l'on éprouve des émotions désagréables, les intégrer à la conscience en vue d'un développement personnel peut impliquer une réflexion sur les messages et les leçons sous-jacents que ces

émotions véhiculent. En acceptant l'inconfort et en explorant sa signification profonde, les individus peuvent en apprendre davantage sur eux-mêmes, leurs besoins et leurs domaines de développement personnel.

2.4. ACCEPTER SES IMPERFECTIONS

L'acceptation des imperfections est essentielle tant dans le stoïcisme que dans le travail de l'ombre. Dans le stoïcisme, l'acceptation des imperfections est étroitement liée à la vertu d'humilité, qui encourage les individus à reconnaître leurs limites et à embrasser leur humanité. De même, dans le travail de l'ombre, l'acceptation des imperfections implique de se confronter aux aspects de nous-mêmes que nous avons peut-être supprimés ou niés à cause de la honte ou de la peur.

L'une des façons d'accepter les imperfections consiste à faire preuve d'autocompassion. Il s'agit de se traiter avec la même gentillesse et la même compréhension que l'on offrirait à un ami proche. En reconnaissant que les imperfections font naturellement partie de l'être humain, nous pouvons développer une attitude plus compatissante et plus douce envers nous-mêmes. Cela peut contribuer à atténuer le trouble intérieur qui accompagne souvent les sentiments d'inadéquation ou d'autocritique, en nous permettant d'accepter plus facilement nos imperfections.

Un autre aspect important de l'acceptation des imperfections consiste à les considérer comme des opportunités de croissance et d'apprentissage. Au lieu de considérer les imperfections comme des défauts à cacher ou à corriger, nous pouvons cultiver un état d'esprit qui les considère comme des expériences précieuses contribuant au développement personnel. En considérant les imperfections de cette manière, nous pouvons cultiver la résilience et l'adaptabilité, ce qui nous permet de relever plus facilement les défis de la vie.

En outre, l'intégration des principes stoïciens peut nous aider à accepter nos imperfections avec grâce et sérénité. Le concept d'amor fati, ou amour du destin, nous encourage à accepter tous les aspects de notre vie, y compris nos imperfections, comme des éléments essentiels de notre parcours unique. En adoptant cet état d'esprit, nous pouvons cultiver la gratitude pour l'ensemble de nos expériences, en reconnaissant que même nos imperfections contribuent à la richesse et à la profondeur de notre vie.

En outre, la pratique de la pleine conscience joue un rôle crucial dans l'acceptation des imperfections. En cultivant la conscience du moment présent, nous pouvons observer nos imperfections sans jugement ni attachement, ce qui nous permet de développer une perspective plus détachée et plus objective. Cela nous aide à nous détacher de la charge émotionnelle souvent associée aux imperfections, ce qui nous permet de les accepter avec clarté et conscience de soi.

Il est important de noter qu'accepter les imperfections ne signifie pas être complaisant ou résigné. Il s'agit plutôt d'un choix proactif et autonome de reconnaître et d'intégrer tous les aspects de nous-mêmes, y compris les imperfections, afin de vivre une vie plus authentique et plus satisfaisante. En acceptant les imperfections, nous pouvons cultiver un sentiment de plénitude et d'acceptation de soi, ce qui nous permet d'aborder les défis de la vie avec résilience et force intérieure.

L'acceptation des imperfections est essentielle à la fois dans le stoïcisme et dans le travail de l'ombre. En cultivant l'autocompassion, en considérant les imperfections comme des opportunités de croissance, en intégrant les principes stoïciens et en pratiquant la pleine conscience, nous pouvons accepter nos imperfections avec grâce et sérénité. Ce processus d'acceptation conduit à une plus grande compassion de soi, à la résilience et à l'authenticité, ce qui favorise une vie plus équilibrée et plus épanouissante.

> **MISE EN PRATIQUE**

(1) Cultivez l'autocompassion en vous traitant avec gentillesse et compréhension, comme vous le feriez avec un ami proche. Par exemple, si vous faites une erreur au travail, au lieu de vous réprimander, reconnaissez que les erreurs se produisent et offrez-vous des mots d'encouragement et de soutien.

(2) Considérer les imperfections comme des opportunités de croissance et d'apprentissage. Au lieu de considérer les imperfections comme des défauts à corriger, voyez-les comme des expériences précieuses qui contribuent au développement personnel. Par exemple, si vous avez du mal à parler en public, considérez chaque occasion de parler devant d'autres personnes comme une chance d'améliorer vos compétences en communication et de gagner en confiance.

(3) Intégrez des principes stoïciens tels que l'amor fati, qui encourage à embrasser tous les aspects de votre vie, y compris les imperfections, en tant que composantes essentielles de votre parcours unique. Par exemple, si vous avez une cicatrice physique qui vous gêne, considérez-la comme une partie de votre histoire et un symbole de résilience.

(4) Pratiquez la pleine conscience pour observer vos imperfections sans jugement ni attachement. En cultivant la conscience du moment présent, vous pouvez développer une perspective plus détachée et plus objective à l'égard de vos imperfections. Par exemple, si vous avez des problèmes d'image corporelle, entraînez-vous à observer vos pensées et vos sentiments à l'égard de votre corps sans y attacher de jugement négatif.

(5) Accepter les imperfections est un choix proactif pour vivre une vie plus authentique et plus épanouissante. L'acceptation n'est pas synonyme de complaisance ou de résignation, mais plutôt d'une décision motivée d'intégrer tous les aspects de votre personnalité. Par exemple, si vous avez tendance à procrastiner, acceptez-le comme faisant partie de votre personnalité et cherchez des stratégies pour le gérer efficacement.

Grâce à la mise en œuvre de ces mesures pratiques, vous avez le pouvoir d'entretenir la compassion envers vous-même, d'accepter les imperfections et de mener une existence plus harmonieuse et plus satisfaisante.

2.5. LE POUVOIR DE LA VULNÉRABILITÉ

En ce qui concerne le travail de l'ombre et le stoïcisme, un aspect qui revêt une grande importance est l'incroyable pouvoir de la vulnérabilité. Souvent perçue comme une faiblesse, la vulnérabilité est en réalité une formidable source de force et d'authenticité. En nous autorisant à être vulnérables, nous pouvons approfondir notre connexion avec nous-mêmes et avec les autres, et développer le courage d'affronter nos aspects obscurs avec honnêteté et compassion.

La vulnérabilité commence par une réflexion sur soi et une prise de conscience. Elle exige que nous examinions honnêtement nos peurs, nos insécurités et les parties de nous-mêmes que nous avons l'habitude de cacher ou d'étouffer. Cette conscience de soi nous permet de reconnaître et d'accepter nos traits et schémas d'ombre, formant ainsi une base pour le développement et l'épanouissement personnels.
En affrontant nos vulnérabilités, nous pouvons obtenir une meilleure compréhension de nous-mêmes et reconnaître qu'elles font naturellement partie de l'expérience humaine.

En outre, accueillir la vulnérabilité implique d'accepter nos imperfections. D'un point de vue stoïque, cela signifie reconnaître que nous ne sommes pas à l'abri de l'échec, des erreurs ou de la complexité de l'être humain. En reconnaissant et en acceptant nos imperfections, nous pouvons nous défaire du besoin constant de contrôler et de supprimer nos émotions, ce qui nous permet d'avoir une expérience plus authentique et plus ouverte de la vie.

Le pouvoir de la vulnérabilité réside également dans sa capacité à favoriser des liens authentiques avec les autres. Lorsque nous sommes prêts à révéler notre véritable personnalité, avec ses défauts et ses qualités, nous créons un environnement de confiance et d'empathie. Cette ouverture encourage les autres à faire de même, ce qui permet d'établir des relations plus profondes et plus significatives. Dans notre parcours d'intégration des aspects de l'ombre, ces liens avec les autres peuvent nous apporter un soutien et une compréhension inestimables.

En outre, la vulnérabilité nous permet de cultiver l'empathie et la compassion, à la fois pour nous-mêmes et pour les autres. En reconnaissant nos propres luttes et défis, nous devenons plus empathiques à l'égard des expériences de ceux qui nous entourent. Cette approche compatissante de la vulnérabilité peut nous aider à faire face à des situations difficiles avec un plus grand sens de la compréhension et de la résilience.

Dans le contexte du stoïcisme, la vulnérabilité ne consiste pas à s'apitoyer sur son sort ou à faire preuve de faiblesse. Il s'agit plutôt de reconnaître notre humanité et d'embrasser toute la gamme de nos émotions. En nous autorisant à être vulnérables, nous pouvons développer la résilience émotionnelle nécessaire pour faire face à l'adversité avec courage et grâce.

En fin de compte, le pouvoir de la vulnérabilité réside dans sa capacité à favoriser la croissance, la résilience et l'authenticité. En embrassant nos vulnérabilités, nous nous ouvrons à de nouvelles possibilités et expériences, ce qui nous permet de mener une vie plus authentique et plus utile. En intégrant les aspects de l'ombre, la vulnérabilité devient un outil de découverte et de transformation de soi, menant à une compréhension plus profonde de nous-mêmes et du monde qui nous entoure.

Le pouvoir de la vulnérabilité est une composante essentielle du travail de l'ombre et du stoïcisme. En embrassant la vulnérabilité, nous pouvons cultiver la conscience de soi, des liens authentiques avec les autres et un plus grand sens de l'empathie et de la compassion. C'est grâce à la vulnérabilité que nous pouvons nous montrer sous notre vrai jour, ce qui nous permet de mener une existence plus épanouissante et plus riche de sens.

MISE EN PRATIQUE

(1) Pratiquer l'autoréflexion et la prise de conscience afin de reconnaître et d'accepter nos peurs, nos insécurités et nos zones d'ombre. Par exemple, réservez du temps chaque jour pour l'autoréflexion et la tenue d'un journal afin d'explorer et de comprendre vos vulnérabilités et de développer une meilleure connaissance de vous-même.

(2) Acceptez les imperfections, en reconnaissant que les échecs et les erreurs font naturellement partie de l'expérience humaine. Par exemple, remettez en question le besoin de perfection en vous autorisant intentionnellement à faire des erreurs et pratiquez l'autocompassion lorsque vous êtes confronté à des imperfections.

(3) Montrez-vous authentique et acceptez la vulnérabilité dans vos relations, en créant un environnement de confiance et d'empathie. Par exemple, partagez ouvertement vos luttes et vos insécurités avec un ami ou un partenaire de confiance, en lui permettant de faire de même, et approfondissez la connexion et la compréhension entre les deux parties.

(4) Cultiver l'empathie et la compassion par la vulnérabilité, en reconnaissant nos propres luttes et défis. Par exemple, lorsque vous êtes témoin de la vulnérabilité d'une autre personne, résistez à l'envie de la juger ou de lui donner des conseils et offrez-lui plutôt une oreille attentive et une validation, afin qu'elle se sente comprise et soutenue.

(5) Développer la résilience émotionnelle en s'autorisant à être vulnérable et en accueillant toute la gamme de nos émotions. Par exemple, entraînez-vous à vous asseoir avec des émotions désagréables et à vous permettre de les vivre et de les traiter pleinement, plutôt que de les supprimer ou de les éviter.

(6) Utiliser la vulnérabilité comme un outil de découverte et de transformation de soi, conduisant à une meilleure compréhension de soi et du monde qui nous entoure. Par exemple, rechercher des opportunités de développement personnel et d'exploration de soi, en participant à des ateliers ou à des séances de thérapie qui encouragent la vulnérabilité et l'introspection.

(7) La vulnérabilité est une source de force et d'authenticité qui vous permet de vivre une vie plus épanouie et plus utile. Par exemple, identifiez les domaines de votre vie où vous censurez ou cachez votre véritable personnalité et prenez des mesures pour vous exprimer de manière authentique, que ce soit par l'expression artistique, le partage de vos pensées et de vos opinions ou la poursuite de vos passions.

(8) Pratiquer l'autoréflexion et la prise de conscience pour reconnaître et accueillir nos peurs, nos insécurités et nos zones d'ombre. Exemple : Réservez 10 minutes par jour à l'auto-réflexion et à la tenue d'un journal. Pendant ce temps, réfléchissez aux peurs, aux insécurités ou aux zones d'ombre qui ont fait surface dans votre vie. Notez-les et examinez les raisons de leur présence et la manière dont elles vous affectent. En pratiquant cela quotidiennement, vous pouvez acquérir une meilleure compréhension de vous-même et commencer à considérer ces aspects comme des éléments importants de votre parcours de développement personnel.

3. Embrasser la vertu : les principes stoïciens dans la vie quotidienne

3.1. CULTIVER LA SAGESSE, LE COURAGE, LA JUSTICE ET LA TEMPÉRANCE

Cultiver la sagesse, le courage, la justice et la tempérance est crucial pour la philosophie stoïcienne et essentiel pour mener une vie vertueuse. Ces vertus ne guident pas seulement nos actions et nos décisions, elles façonnent également notre caractère et notre sens moral. Dans le monde actuel, qui évolue rapidement, il peut être difficile d'incarner ces vertus, mais en appliquant les principes du stoïcisme et en s'engageant dans un travail de l'ombre, nous pouvons nous efforcer de les intégrer dans notre vie quotidienne.

La sagesse est le fondement de toutes les vertus et devrait être la première sur laquelle nous nous concentrons. Elle implique la recherche de la connaissance, la compréhension et l'application d'idées pratiques pour naviguer dans les complexités de la vie. La sagesse exige que nous analysions les situations de manière critique, que nous considérions différentes perspectives et que nous prenions des décisions réfléchies. En pratiquant l'autoréflexion, l'introspection et en tirant les leçons de nos succès et de nos échecs, nous pouvons cultiver la sagesse. Le travail sur l'ombre nous aide à découvrir nos préjugés, nos angles morts et nos croyances limitatives qui nous empêchent de voir la vérité. En reconnaissant et en intégrant ces aspects de l'ombre, nous pouvons approfondir notre sagesse et gagner en clarté dans nos pensées et nos actions.

Le courage est une autre vertu essentielle qui nous permet d'affronter nos peurs, de prendre des risques et de défendre ce qui est juste. Il ne s'agit pas d'être sans peur, mais plutôt d'agir malgré la peur. Le travail sur l'ombre nous permet d'explorer les peurs et les insécurités qui nous retiennent, nous donnant la possibilité de les affronter et de les transcender. En reconnaissant nos aspects sombres de peur et d'insécurité, nous pouvons cultiver le courage d'agir avec intégrité et détermination, même face à l'adversité.

La justice est une vertu qui nous incite à être justes, honnêtes et altruistes dans nos interactions avec les autres. Elle implique de traiter les autres avec respect, empathie et compassion, tout en respectant les principes d'équité et d'égalité. Le travail sur l'ombre nous aide à découvrir les biais, les préjugés ou les tendances à l'injustice qui peuvent exister en nous. En intégrant et en traitant ces aspects de l'ombre, nous pouvons cultiver un sens plus profond de la justice et de l'intégrité dans nos relations et nos actions envers les autres.

La tempérance complète le cycle vertueux en ce qui concerne la maîtrise de soi, la modération et l'équilibre. Elle implique de réfréner les impulsions, de gérer les désirs et de trouver l'harmonie dans nos émotions et nos comportements. Grâce au travail de l'ombre, nous pouvons explorer les aspects sombres de l'excès, de l'impulsivité et du déséquilibre en nous. En reconnaissant et en intégrant ces aspects de l'ombre, nous pouvons cultiver une plus grande conscience de soi, une plus grande retenue et une plus grande équanimité dans nos actions et nos choix.

En résumé, la culture de la sagesse, du courage, de la justice et de la tempérance est un voyage permanent qui exige la conscience de soi, l'introspection et la volonté de se confronter à nos aspects obscurs. En intégrant les principes du stoïcisme et en nous engageant dans le travail de l'ombre, nous pouvons nous efforcer d'incarner ces vertus dans notre vie quotidienne, en favorisant notre croissance personnelle, notre résilience et notre intégrité morale. Le chemin vers la vertu n'est pas sans défis, mais les récompenses d'une vie alignée sur ces vertus sont incommensurables.

> **MISE EN PRATIQUE**

(1) Rechercher la connaissance, la compréhension et la vision pratique pour naviguer dans les complexités de la vie. Exemple : Prenez le temps de lire des livres, d'assister à des séminaires et de participer à des discussions afin d'élargir vos connaissances et d'acquérir une compréhension plus approfondie de divers sujets. Appliquer ces connaissances de manière pratique en recherchant activement des occasions d'appliquer ce que vous avez appris dans votre vie quotidienne, que ce soit par la résolution de problèmes, la prise de décisions ou le développement personnel.

(2) Engagez une réflexion sur vous-même et une introspection pour découvrir les préjugés, les angles morts et les croyances limitantes. Exemple : Réservez du temps chaque jour pour l'autoréflexion et l'introspection, que ce soit en tenant un journal, en méditant ou simplement en contemplant tranquillement. Pendant ce temps, réfléchissez à vos pensées, à vos actions et à vos croyances, et identifiez les préjugés ou les croyances limitantes qui peuvent entraver votre développement personnel ou vous empêcher de voir la vérité. Une fois identifiées, travaillez activement à la reconnaissance et à la libération de ces préjugés ou croyances.

(3) Affronter et transcender les peurs et les insécurités pour cultiver le courage. Exemple : Identifiez les peurs ou les insécurités spécifiques qui vous empêchent de prendre des risques ou de défendre vos convictions. Élaborez un plan pour faire face à ces peurs et faites de petits pas pour les surmonter. Recherchez le soutien d'amis de confiance, de membres de votre famille ou d'un coach pour

vous aider à naviguer dans ce processus et à développer votre muscle du courage.

(4) Traiter les autres avec respect, empathie et compassion, tout en respectant les principes d'équité et d'égalité. Exemple : Pratiquer l'écoute active et essayer de comprendre les points de vue et les expériences des autres. Faire preuve d'empathie et de compassion envers les autres, même dans les situations difficiles. S'efforcer activement de reconnaître les préjugés que l'on peut avoir à l'égard de certaines personnes ou de certains groupes et s'efforcer consciemment de traiter tout le monde avec équité et égalité.

(5) Pratiquez la maîtrise de soi, la modération et l'équilibre dans vos actions et vos comportements. Exemple : Identifiez les domaines de votre vie dans lesquels vous avez du mal à contrôler vos impulsions ou à adopter des comportements excessifs. Développez des stratégies pour gérer ces impulsions et trouver un équilibre plus sain. Il peut s'agir de fixer des limites, de créer des routines quotidiennes ou de demander le soutien d'un coach ou d'un thérapeute pour vous aider à rester responsable et à surmonter les difficultés.

En suivant ces mesures pratiques, vous pouvez intégrer les principes du stoïcisme et du travail de l'ombre dans votre vie quotidienne, ce qui se traduira par un développement personnel, une force intérieure et une conduite éthique.

3.2. Appliquer les vertus stoïciennes aux défis modernes

Dans le monde actuel, souvent désordonné, il peut être difficile de naviguer dans la vie quotidienne. Cependant, en utilisant les vertus stoïciennes, nous pouvons cultiver un sentiment de calme, de résilience et de détermination qui nous permet de prospérer face à l'adversité.

L'une des vertus stoïciennes essentielles est la sagesse, qui implique de porter des jugements sains et d'agir en fonction de ce qui compte vraiment. Dans le contexte des défis modernes, la sagesse nous aide à discerner ce qui est important dans le bruit de la vie quotidienne. Il s'agit notamment de prendre des décisions réfléchies concernant nos priorités, nos relations et la manière dont nous dépensons notre temps et notre énergie. En cultivant la sagesse, nous pouvons éviter d'être submergés par le chaos du monde moderne et nous concentrer sur ce qui apporte vraiment de la valeur et du sens à notre vie.

Une autre vertu stoïcienne importante est le courage, la capacité à faire face à l'adversité avec force et résilience. Dans le contexte des défis contemporains, le courage nous permet d'affronter des situations difficiles, qu'il s'agisse de défendre ce qui est juste, de prendre des risques pour poursuivre nos objectifs ou simplement de faire face aux inévitables revers et obstacles qui se dressent sur notre chemin. En incarnant le courage, nous pouvons naviguer dans les incertitudes de la vie moderne avec détermination et force d'âme, sachant que nous possédons la force intérieure nécessaire pour surmonter tous les défis qui se présentent.

La justice, vertu stoïcienne d'équité et d'intégrité, est également cruciale dans le monde d'aujourd'hui. Dans une société où règnent l'inégalité et l'injustice, pratiquer la justice signifie défendre ce qui est juste et promouvoir le bien-être des autres. Il peut s'agir d'aborder des questions sociales, de soutenir des causes auxquelles nous croyons ou de nous  efforcer de vivre notre vie avec honnêteté et intégrité. En incarnant la justice, nous pouvons apporter une contribution positive au monde qui nous entoure.

Enfin, la tempérance, vertu de maîtrise de soi et de modération, est essentielle face aux défis modernes. Dans un monde qui encourage souvent les comportements excessifs et l'indulgence, la tempérance nous permet de maintenir l'équilibre et la modération dans nos pensées, nos actions et nos désirs. En pratiquant la tempérance, nous pouvons éviter de nous laisser guider par l'impulsivité et aborder la vie avec un calme intérieur et une autodiscipline.

L'application des vertus stoïciennes aux défis modernes nous fournit un cadre puissant pour naviguer dans les complexités de la vie contemporaine. En cultivant la sagesse, le courage, la justice et la tempérance, nous pouvons aborder les défis du monde moderne avec clarté, résilience, intégrité et équilibre. Grâce à la pratique de ces vertus, nous pouvons cultiver un but, un sens et une force intérieure qui nous permettent de naviguer dans le monde moderne avec grâce et résilience.

MISE EN PRATIQUE

(1) Cultiver la sagesse en prenant des décisions réfléchies sur les priorités, les relations et la manière de dépenser son temps et son énergie. Exemple : Prenez chaque jour le temps de réfléchir à vos priorités et d'évaluer la manière dont vous affectez votre temps et votre énergie. Faites les ajustements nécessaires pour vous assurer que vous vous concentrez sur ce qui compte vraiment pour vous et apporte de la valeur à votre vie.

(2) Incarner le courage en affrontant des situations difficiles et en faisant face à l'adversité avec force et résilience. Exemple : Identifiez une situation de votre vie que vous avez évitée ou qui vous rend anxieux. Faites un petit pas pour affronter et résoudre la situation, qu'il s'agisse d'avoir une conversation difficile, de prendre un risque ou d'affronter une peur. Faites appel à votre force intérieure et à votre résilience pour relever le défi avec courage.

(3) Pratiquer la justice en défendant ce qui est juste et en défendant le bien-être des autres. Exemple : Identifiez une question sociale ou une cause qui vous passionne. Agissez pour soutenir cette cause, que ce soit en faisant du bénévolat, des dons ou en plaidant pour le changement. S'efforcer de vivre sa vie avec honnêteté et intégrité, en traitant les autres avec équité et respect.

(4) Cultiver la tempérance en pratiquant la maîtrise de soi et la modération dans les pensées, les actions et les désirs. Exemple : Remarquez les moments où vous vous sentez poussé à faire des excès ou à agir de manière impulsive. Faites une pause et prenez le temps de réfléchir aux conséquences de vos actes. Pratiquez l'autodiscipline et la modération, en trouvant une approche équilibrée qui correspond à vos valeurs et à vos objectifs.

3.3. Trouver un sens et un but

Chaque personne a un désir profondément ancré de trouver un sens et un but à sa vie. Cette quête de sens a été au cœur des traditions philosophiques et spirituelles tout au long de l'histoire, et le stoïcisme ne fait pas exception. Dans ce chapitre, nous allons approfondir la compréhension stoïcienne du but et explorer la manière dont il peut être intégré à l'exploration des ombres pour créer une vie plus holistique et plus épanouissante.

Le stoïcisme enseigne que le véritable but, ou eudaimonia, consiste à vivre en accord avec sa vraie nature et ses vertus. Il s'agit d'aligner ses actions et ses décisions sur la sagesse, le courage, la justice et la tempérance. En cultivant ces vertus, les individus peuvent découvrir un but qui va au-delà des réalisations extérieures ou des possessions matérielles.

L'exploration de l'ombre, quant à elle, implique de plonger dans les aspects de nous-mêmes que nous avons peut-être réprimés ou niés. Elle nous oblige à affronter nos peurs, nos insécurités et les parties de nous-mêmes dont nous ne sommes peut-être pas fiers. En embrassant notre ombre, nous comprenons mieux qui nous sommes vraiment et nous pouvons découvrir des désirs et des passions cachés qui peuvent contribuer à notre sens de l'objectif.

Lorsque nous combinons les principes stoïciens avec l'exploration de l'ombre, nous nous embarquons dans un voyage puissant vers la découverte de notre véritable vocation. En examinant les ombres en nous-mêmes, nous pouvons identifier les conflits ou les contradictions qui peuvent nous empêcher de nous aligner pleinement sur nos vertus et de vivre une vie eudaimonique. Ce processus nous permet d'intégrer notre ombre et d'aligner nos actions sur nos vraies valeurs.

Pour trouver un sens et un but, il est essentiel de s'engager dans une réflexion personnelle et une introspection. Il s'agit d'examiner nos croyances, nos valeurs et nos priorités afin d'identifier ce qui compte vraiment pour nous. En clarifiant ce qui est important, nous pouvons commencer à faire des choix qui sont en accord avec nos valeurs, ce qui donne à notre vie un sens et un accomplissement.

Les stoïciens soulignent également l'importance de prendre la responsabilité de notre propre bonheur. Ils nous enseignent que les circonstances extérieures sont indépendantes de notre volonté, mais que notre réaction à ces circonstances est en notre pouvoir. Cela signifie que même dans les situations difficiles, nous pouvons choisir de maintenir un état d'esprit vertueux et d'agir conformément à nos valeurs. Ce faisant, nous pouvons trouver un but face à l'adversité et transformer les difficultés en opportunités de croissance.

En outre, le stoïcisme nous encourage à pratiquer la gratitude et l'appréciation du moment présent. En adoptant la gratitude, nous ne nous concentrons plus sur ce qui nous manque, mais sur ce que nous avons déjà. Ce changement d'état d'esprit nous permet de trouver du sens et de la joie même dans les aspects les plus simples de la vie. Grâce à l'exploration de l'ombre, nous pouvons reconnaître les résistances ou les blocages que nous pouvons avoir à l'égard de la gratitude et travailler à l'intégration de ces aspects de l'ombre dans les pratiques de gratitude.

En résumé, la recherche d'un sens et d'un but nécessite une exploration approfondie de nos vertus et de nos ombres. En intégrant les principes stoïciens au travail sur les ombres, nous pouvons découvrir nos véritables valeurs et désirs, aligner nos actions sur nos vertus et cultiver un sens du but qui va au-delà des réalisations extérieures. Ce processus de découverte et d'intégration de soi nous permet de vivre une vie plus significative et plus épanouissante, conformément à la sagesse du stoïcisme.

MISE EN PRATIQUE

(1) Engagez-vous dans une réflexion profonde sur vous-même afin de découvrir votre véritable objectif. Exemple : Prenez chaque jour le temps de tenir un journal et de réfléchir à vos valeurs fondamentales, à vos forces et à vos passions. Notez vos pensées et

vos sentiments, et identifiez les schémas et les thèmes qui résonnent en vous. Utilisez cette réflexion personnelle comme un guide pour découvrir votre véritable objectif et aligner vos actions sur celui-ci.

(2) Alignez vos actions sur vos valeurs. Exemple : Dressez une liste de vos valeurs fondamentales et réfléchissez à l'adéquation de vos actions actuelles avec celles-ci. Identifiez les domaines où il peut y avoir un décalage et réfléchissez à des moyens d'aligner vos actions. Par exemple, si vous accordez de l'importance à l'honnêteté mais que vous vous surprenez à dire de petits mensonges, engagez-vous à être plus sincère dans vos interactions avec les autres.

(3) Explorer les zones d'ombre afin de reconnaître et d'intégrer les aspects conflictuels de votre personnalité. Exemple : Prenez un moment pour réfléchir aux comportements, croyances ou aspects de vous-même que vous refoulez ou niez. Ces aspects peuvent être perçus comme négatifs ou indésirables, mais les reconnaître et les accepter est essentiel pour les intégrer et les aligner sur vos valeurs. Par exemple, si vous succombez souvent à la colère, explorez les causes sous-jacentes et travaillez à développer des stratégies pour gérer et exprimer votre colère de manière plus saine.

(4) Accepter la nature impermanente de l'existence et trouver un sens au moment présent. Exemple : Pratiquer la pleine conscience et être pleinement présent à chaque instant. Laissez tomber les attachements au passé ou les inquiétudes concernant l'avenir, et concentrez-vous sur la joie et le sens à donner au présent. Par exemple, lorsque vous passez du temps avec vos proches, éliminez les distractions et soyez pleinement présent, en les écoutant et en vous engageant avec eux.

(5) Reconnaître et accepter les peurs, les insécurités et les conflits intérieurs liés à l'objectif et au sens. Exemple : Prenez le temps de réfléchir aux peurs ou aux insécurités qui vous empêchent peut-être de poursuivre votre véritable objectif ou de trouver un sens à votre vie. Notez-les et remettez en question la validité de ces peurs. Par exemple, si vous avez peur de l'échec et que cela vous empêche de prendre des risques, rappelez-vous que l'échec fait naturellement partie de la croissance et de l'apprentissage.

(6) Favoriser une meilleure acceptation de soi et un alignement sur ses désirs authentiques. Exemple : Pratiquez l'autocompassion et la

gratitude pour ce que vous êtes et ce que vous avez accompli. Réfléchissez à vos désirs et à vos aspirations et engagez-vous à les poursuivre de manière authentique, sans vous laisser influencer par des attentes extérieures. Par exemple, si vous avez toujours voulu poursuivre une carrière créative mais que vous avez été freiné par les normes sociétales, faites un plan pour avancer à petits pas vers cet objectif et entourez-vous de personnes qui vous soutiennent.

3.4. Pratiquer la gratitude et le contentement

La gratitude et le contentement jouent un rôle essentiel dans la philosophie stoïcienne, et leur intégration dans notre vie quotidienne peut avoir un impact profond sur notre bien-être général. Dans le monde d'aujourd'hui, où les distractions et le consumérisme abondent, il est facile de perdre de vue les plaisirs simples et les bénédictions qui nous entourent. Cependant, en pratiquant la gratitude et le contentement, nous pouvons déplacer notre attention de ce qui nous manque vers ce que nous avons déjà, ce qui favorise un sentiment d'abondance et d'épanouissement.

L'une des façons les plus efficaces de cultiver la gratitude est de pratiquer quotidiennement la réflexion et l'appréciation. Prendre le temps de reconnaître consciemment les choses pour lesquelles nous sommes reconnaissants, qu'il s'agisse de nos relations, de notre santé ou de la beauté de la nature, peut apporter joie et paix dans notre vie. En exprimant notre gratitude pour les personnes et les expériences qui enrichissent notre vie, nous pouvons approfondir nos liens avec les autres et nourrir une attitude positive.

En revanche, le contentement consiste à trouver la satisfaction et la paix dans notre situation actuelle, indépendamment des conditions extérieures. Il ne s'agit pas de se contenter de moins ou de devenir complaisant, mais plutôt d'adopter un état d'esprit d'acceptation et d'équanimité. La philosophie stoïcienne nous enseigne que le véritable contentement vient de l'intérieur et ne dépend pas de facteurs externes. En pratiquant le contentement, nous pouvons apprendre à trouver la joie et l'épanouissement dans le moment présent, plutôt que de poursuivre constamment des désirs futurs ou de ressasser des regrets passés.

Un aspect important de la pratique de la gratitude et du contentement réside dans notre capacité à recadrer notre perspective sur les défis et les revers. Le stoïcisme nous encourage à considérer l'adversité comme une opportunité de croissance et d'apprentissage, plutôt que comme une source de frustration ou de désespoir. En cultivant la gratitude pour les leçons que les expériences difficiles nous enseignent, nous pouvons développer notre résilience et notre force intérieure.

Pour illustrer ce point, prenons l'exemple d'une personne ayant subi un revers financier important. Au lieu de succomber à des sentiments d'amertume ou d'apitoiement, cette personne pratique la gratitude pour les leçons tirées de cette expérience. Elle apprécie l'occasion qui lui a été donnée de cultiver la prudence financière et la débrouillardise, et se réjouit de savoir qu'elle a la capacité de surmonter les difficultés. Ce changement de perspective lui permet d'aborder la situation avec gratitude et sérénité, ce qui se traduit en fin de compte par une plus grande tranquillité d'esprit et un meilleur bien-être émotionnel.

Outre ces avantages personnels, la pratique de la gratitude et du contentement peut également contribuer à une société plus harmonieuse et plus compatissante. En cultivant un état d'esprit d'abondance et d'appréciation, nous pouvons devenir plus empathiques et soutenir les autres. Cela favorise le sens de la communauté et de l'interconnexion, contribuant en fin de compte à un monde plus paisible et plus satisfaisant pour tous.

La pratique de la gratitude et du contentement est une pierre angulaire de la philosophie stoïcienne qui peut profondément enrichir notre vie. En reconnaissant consciemment nos bienfaits et en trouvant le contentement dans le moment présent, nous pouvons cultiver un sentiment de paix intérieure et d'épanouissement. Grâce à cette pratique, nous améliorons non seulement notre propre bien-être, mais nous contribuons également à la création d'un monde plus compatissant et plus harmonieux.

MISE EN PRATIQUE

(1) Pratiquez la réflexion et l'appréciation quotidiennes : Prenez quelques minutes chaque jour pour reconnaître et apprécier consciemment les choses pour lesquelles vous êtes reconnaissant. Exemple : Chaque soir, avant de vous coucher, dressez une liste de trois choses dont vous êtes reconnaissant pour la journée. Il peut s'agir d'un repas délicieux, d'un geste aimable d'un ami ou d'un magnifique coucher de soleil. Cette pratique vous aidera à vous concentrer sur les aspects positifs de votre vie et à développer un sentiment de gratitude.

(2) Considérer les défis comme des opportunités de croissance : Au lieu de considérer les revers et les difficultés comme des obstacles, voyez-les comme des occasions d'apprendre et de développer votre résilience. Exemple : Lorsque vous êtes confronté à un problème professionnel, rappelez-vous que c'est l'occasion d'améliorer vos compétences en matière de résolution de problèmes et d'élargir vos connaissances. Saisissez la chance de progresser et abordez la situation avec un esprit de gratitude pour les enseignements qu'elle peut vous apporter.

(3) Cultiver le contentement dans le moment présent : Trouvez la satisfaction et la paix dans votre situation actuelle, indépendamment des facteurs externes. Exemple : Plutôt que de chercher constamment à obtenir davantage de biens matériels, prenez le temps d'apprécier ce que vous avez déjà. Concentrez-vous sur les petits plaisirs de la vie, comme une bonne tasse de café, un câlin chaleureux ou un magnifique coucher de soleil. En adoptant le contentement, vous pouvez éprouver un sentiment plus profond de plénitude dans le présent.

(4) Exprimez votre gratitude envers les autres : Montrez votre appréciation pour les personnes et les expériences qui enrichissent votre vie. Exemple : Écrivez un mot de remerciement sincère à une personne qui a eu un impact positif sur votre vie. Faites-lui savoir à quel point vous êtes reconnaissant de sa présence et de la façon dont

elle a contribué à votre épanouissement et à votre bonheur. Cet acte de gratitude renforcera vos liens avec les autres et nourrira une attitude positive.

(5) Favoriser l'empathie et le soutien aux autres : Cultiver un état d'esprit d'abondance et d'appréciation peut conduire à plus de compassion et de soutien envers les autres. Exemple : Faites du bénévolat auprès d'une organisation caritative locale ou d'une organisation qui vous tient à cœur. En contribuant activement au bien-être d'autrui, vous pouvez favoriser un sentiment de communauté et d'interconnexion, créant ainsi un monde plus paisible et plus satisfaisant pour tous.

3.5. NAVIGUER DANS LES SITUATIONS DIFFICILES AVEC VERTU

L'intégration du stoïcisme et du travail de l'ombre dans notre vie quotidienne passe par l'adoption de la vertu dans les situations difficiles. Lorsque nous sommes confrontés à des difficultés, il peut être tentant de laisser nos émotions guider nos actions et nos réactions. Cependant, en adoptant les principes du stoïcisme et du travail de l'ombre, nous pouvons aborder les situations difficiles avec sagesse, courage, équité et maîtrise de soi.

Cultiver la sagesse est un élément clé pour naviguer efficacement dans les situations difficiles avec vertu. Cela implique de prendre du recul par rapport à nos réactions émotionnelles immédiates et d'examiner la situation dans une perspective plus large. En nous livrant à l'autoréflexion et à la pleine conscience, nous pouvons mieux comprendre nos schémas de pensée et nos réactions émotionnelles, ce qui nous permet de relever les défis avec plus de clarté et de compréhension.

Le courage est une autre vertu essentielle pour faire face aux situations difficiles. Il faut du courage pour affronter nos peurs et nos incertitudes, en particulier lorsque nos zones d'ombre sont déclenchées par les défis que nous rencontrons. En acceptant la vulnérabilité et en reconnaissant notre inconfort, nous pouvons trouver la force d'affronter les obstacles qui se dressent sur notre chemin avec résilience et détermination.

Pratiquer la justice dans les situations difficiles implique de les aborder avec équité et intégrité. Cela signifie qu'il faut tenir compte des perspectives et des besoins des autres, même face à l'adversité. En trouvant un équilibre entre l'intérêt personnel et la compassion pour les autres, nous pouvons relever les défis d'une manière qui respecte nos principes et nos valeurs.

La tempérance, vertu de modération et de maîtrise de soi, joue également un rôle important dans les situations difficiles. Il est naturel de ressentir des émotions intenses en réponse à des défis, mais en pratiquant la tempérance, nous pouvons empêcher ces émotions d'obscurcir notre jugement et de conduire à des actions impulsives ou irrationnelles. Au contraire, nous pouvons aborder la situation avec un état d'esprit calme et rationnel, et prendre des décisions conformes à nos valeurs et à nos objectifs à long terme.

Un exemple de réussite dans une situation difficile grâce à la vertu pourrait être la gestion d'un conflit sur le lieu de travail. Au lieu de réagir par la colère ou la frustration, une approche stoïcienne consisterait à prendre du recul pour réfléchir à la situation, à prendre en compte les points de vue de toutes les parties impliquées et à réagir avec équité et intégrité. Cela pourrait inclure la pratique de l'empathie, la compréhension des causes sous-jacentes du conflit et la recherche d'une solution qui profite à toutes les parties.

En outre, l'intégration du travail de l'ombre dans ce processus impliquerait de reconnaître les émotions ou les peurs cachées qui pourraient contribuer au conflit. En embrassant ces aspects de l'ombre et en s'attaquant à leurs causes profondes, nous pouvons aborder la situation avec une meilleure compréhension de nous-mêmes et des autres, ce qui se traduit par des résolutions plus profondes et plus durables.

Pour réussir à naviguer dans les situations difficiles avec vertu, il faut incarner les principes du stoïcisme et du travail de l'ombre dans nos réponses aux défis. En cultivant la sagesse, le courage, l'équité et la maîtrise de soi, nous pouvons aborder les situations difficiles avec clarté, résilience, intégrité et autodiscipline. Cela nous permet de relever les défis d'une manière qui soit en accord avec nos valeurs et qui conduise à une croissance et à une transformation personnelles significatives.

MISE EN PRATIQUE

(1) Cultivez la sagesse en pratiquant l'autoréflexion et la prise de conscience dans les situations difficiles. Prenez du recul par rapport à la réaction émotionnelle immédiate et examinez la situation dans une perspective plus large. Exemple : Lorsque vous êtes confronté à une décision difficile au travail, prenez le temps de réfléchir aux conséquences potentielles et aux effets à long terme sur votre trajectoire professionnelle et votre développement personnel avant de faire un choix.

(2) Accepter la vulnérabilité et reconnaître l'inconfort pour trouver le courage d'affronter les obstacles dans les situations difficiles. Exemple : Lors d'une présentation devant un large public, reconnaissez et acceptez les sentiments de nervosité ou de doute. Utilisez ces émotions pour vous motiver à vous préparer minutieusement et à fournir la meilleure performance possible.

(3) Pratiquer l'équité et l'intégrité en tenant compte du point de vue et des besoins des autres dans les situations difficiles. Exemple : Lorsque vous résolvez un conflit avec un collègue, écoutez activement sa version des faits et essayez de comprendre son point de vue. Cherchez à trouver une solution qui réponde aux besoins des deux parties et qui permette de maintenir une relation de travail harmonieuse.

(4) Faire preuve de tempérance en empêchant les émotions fortes d'obscurcir le jugement et de conduire à des actions impulsives dans des situations difficiles. Exemple : Lorsque vous recevez des commentaires critiques de la part d'un superviseur, prenez le temps de respirer et de maîtriser vos émotions. Réagissez de manière calme et rationnelle, en tenant compte de la validité des commentaires et en identifiant les points à améliorer.

(5) Intégrer le travail de l'ombre en reconnaissant les émotions ou les peurs cachées qui peuvent contribuer à des situations difficiles. Exemple : Face à une résistance au changement au sein d'une équipe, réfléchissez aux peurs ou aux insécurités sous-jacentes qui peuvent être à l'origine de cette résistance. Abordez ces émotions par le biais d'une communication ouverte et honnête, en favorisant la compréhension et la collaboration en vue d'accepter les changements.

(6) Aligner les réponses aux défis sur les valeurs et principes personnels afin de naviguer dans les situations difficiles avec vertu. Exemple : Lorsque vous êtes confronté à la malhonnêteté dans une transaction commerciale, prenez des décisions qui donnent la priorité à la conduite éthique et au respect de l'intégrité personnelle, même si cela implique de renoncer à des gains à court terme.

(7) Rechercher une croissance et une transformation significatives en incarnant les principes du stoïcisme et du travail de l'ombre dans les réponses aux défis. Exemple : Lorsque vous êtes confronté à des revers ou à des échecs, utilisez des pratiques stoïciennes telles que la tenue d'un journal et la réflexion pour trouver un sens et des leçons à l'expérience. Abordez les aspects sous-jacents de l'ombre qui ont pu contribuer à la situation, ce qui permet une croissance et une transformation personnelles.

(8) Pratiquer et affiner continuellement les vertus de sagesse, de courage, de justice et de tempérance dans la vie quotidienne pour faire face à tous les types de situations difficiles. Exemple : Consacrez chaque jour du temps à l'autoréflexion et à la pratique de la pleine conscience pour cultiver la sagesse. Mettez-vous au défi de sortir régulièrement de votre zone de confort pour renforcer votre courage. Cherchez activement des occasions de faire du bénévolat ou de soutenir d'autres personnes dans l'exercice de la justice. Pratiquer des techniques de pleine conscience, telles que la respiration profonde, pour cultiver la tempérance et maintenir une stabilité émotionnelle dans les situations difficiles.

4. La dichotomie du contrôle : Acceptation stoïque et intégration de l'ombre

4.1. Comprendre ce que vous pouvez et ne pouvez pas contrôler

Le stoïcisme nous enseigne la leçon vitale qui consiste à reconnaître ce qui est sous notre contrôle et ce qui ne l'est pas. Ce principe fondamental est la clé d'une vie remplie de tranquillité intérieure, de résilience et de stabilité émotionnelle. Il s'agit de reconnaître les limites de notre pouvoir et d'apprendre à accepter l'ordre naturel de l'univers.

Dans la vie de tous les jours, nous nous retrouvons souvent à dépenser de l'énergie pour des choses qui ne sont pas de notre ressort. Malheureusement, ces efforts futiles ne font qu'engendrer de la frustration, de l'anxiété et du stress. Le stoïcisme nous incite à réfléchir aux aspects que nous pouvons contrôler, tels que nos pensées, nos actions et nos attitudes, tout en laissant rigoureusement tomber le reste. Cela ne signifie pas pour autant que nous devenons passifs ou indifférents aux circonstances de la vie. Au contraire, cela nous invite à aborder ces circonstances avec équanimité et acceptation.

Pour mettre ce principe en pratique, un exercice utile consiste à créer ce que l'on appelle communément un "cercle de contrôle". Il s'agit de dessiner deux cercles concentriques, dans lesquels le cercle intérieur représente les choses que nous pouvons contrôler et le cercle extérieur les choses qui échappent à notre contrôle. En visualisant ces deux zones, nous savons mieux où diriger notre énergie et notre attention. Cette pratique nous libère du besoin de microgérer les événements extérieurs et nous permet de nous concentrer sur le façonnement de notre monde intérieur.

Prenons un exemple concret. Imaginons que nous nous trouvions dans un embouteillage et que nous soyons en retard pour une réunion importante. Si nous ne pouvons pas contrôler les embouteillages, nous sommes en revanche maîtres de notre réaction face à la situation. Plutôt que de succomber à la frustration et à l'agitation, nous pouvons utiliser le temps supplémentaire pour pratiquer la respiration profonde, écouter de la musique apaisante ou simplement accepter les circonstances avec patience. Ce changement de perspective nous permet de maintenir une paix intérieure et d'aborder la réunion avec un esprit clair, quels que soient les obstacles extérieurs.

En outre, le fait de comprendre ce qui relève de notre sphère de contrôle facilite également l'abandon des attentes irréalistes et du perfectionnisme. Souvent, nous nous imposons un fardeau inutile en essayant de contrôler les résultats ou les actions des autres. Le stoïcisme nous rappelle de manière poignante que notre pouvoir ne réside pas dans la manipulation des événements, mais plutôt dans la manière dont nous choisissons d'y répondre.

Un autre aspect crucial de cette compréhension est la pratique de l'abandon des attachements malsains. En reconnaissant que nous ne pouvons pas contrôler les actions, les opinions ou les émotions des autres, nous nous libérons du besoin de validation ou d'approbation extérieure. Cela nous permet de favoriser l'autonomie, l'estime de soi et la force intérieure.

Le concept de compréhension de notre sphère de contrôle est la pierre angulaire de la philosophie stoïcienne. Il nous permet de donner la priorité à notre état intérieur, de trouver la paix au milieu des circonstances extérieures et de naviguer dans la vie avec grâce et résilience. En adoptant ce principe, nous pouvons nous libérer de l'emprise de l'anxiété et des attentes, et trouver la liberté dans l'acceptation du flux et du reflux naturels de la vie.

MISE EN PRATIQUE

(1) Identifier et accepter les choses que vous ne pouvez pas contrôler : Faites la différence entre ce qui est en votre pouvoir et ce qui échappe à votre influence. Par exemple, vous ne pouvez pas contrôler la circulation, mais vous pouvez contrôler votre réaction. Exemple : Face à un embouteillage, au lieu de vous énerver, respirez profondément et rappelez-vous que vous ne pouvez pas contrôler la situation. Profitez-en pour écouter un livre audio ou votre musique préférée.

(2) Concentrez-vous sur ce que vous pouvez contrôler : Dirigez votre énergie et votre attention vers les choses que vous pouvez contrôler, comme vos pensées, vos actions et vos attitudes. Exemple : Plutôt que de vous inquiéter de l'opinion des autres, concentrez-vous sur le développement d'un état d'esprit positif et sur le maintien d'un comportement aimable et compatissant dans vos interactions.

(3) Pratiquez l'exercice du "cercle de contrôle" : Visualisez un cercle représentant les choses que vous pouvez contrôler et un autre cercle représentant les choses que vous ne pouvez pas contrôler. Cet exercice vous aidera à déterminer clairement où vous devez concentrer vos efforts. Exemple : Dessinez deux cercles sur une feuille de papier. Dans le cercle intérieur, inscrivez les aspects de votre vie que vous pouvez contrôler, comme votre santé et vos habitudes quotidiennes. Dans le cercle extérieur, inscrivez les éléments qui échappent à votre contrôle, comme le temps qu'il fait ou l'opinion des autres.

(4) Laissez tomber les attentes irréalistes : Comprenez que vous ne pouvez pas contrôler les résultats ou les actions des autres. Relâchez la pression de vouloir que tout soit parfait. Exemple : Au lieu d'être obsédé par l'obtention d'une note parfaite à un examen, concentrez-vous sur le fait de donner le meilleur de vous-même et d'apprendre de cette expérience, quel qu'en soit le résultat.

(5) Pratiquez le détachement par rapport à la validation externe : Reconnaissez que vous ne pouvez pas contrôler la façon dont les autres vous perçoivent ou vous approuvent. Cultivez un sentiment de valeur personnelle et de validation intérieure. Exemple : Au lieu de rechercher la validation des autres, concentrez-vous sur la définition de vos propres objectifs et normes en matière d'épanouissement personnel et de réussite.

(6) Acceptez le flux naturel de la vie : Acceptez que la vie soit faite de hauts et de bas et que vous ne puissiez pas en contrôler tous les aspects. Trouvez la paix en vous abandonnant à l'ordre naturel de l'univers. Exemple : Lorsque vous êtes confronté à un revers ou à une déception, rappelez-vous que cela fait partie du parcours de la vie et que c'est une occasion de grandir. Abordez la situation avec grâce et adaptabilité, en sachant que vous ne pouvez pas contrôler tous les résultats.

(7) Cultiver la résilience et la stabilité émotionnelle : Développez votre force intérieure par la pratique et l'état d'esprit. Développez des mécanismes d'adaptation et des stratégies pour gérer les situations difficiles. Exemple : Pratiquez la pleine conscience et la méditation pour améliorer votre bien-être émotionnel et développer votre résilience. Lorsque vous êtes confronté à une situation difficile, prenez le temps de respirer profondément et de vous rappeler votre force intérieure et votre capacité à surmonter les difficultés.

(8) Trouvez un sens et un but à votre vie : Au lieu de chercher une validation externe ou de compter sur des circonstances extérieures pour vous épanouir, concentrez-vous sur la découverte de vos propres passions et valeurs. Exemple : Prenez le temps de réfléchir à vos valeurs et à vos objectifs personnels. Participez à des activités qui correspondent à vos passions et qui vous donnent un but, plutôt que de compter sur des réalisations ou des reconnaissances extérieures pour vous épanouir.

En mettant en œuvre ces mesures pratiques, vous pourrez commencer à renoncer à l'envie de manipuler tous les aspects de votre vie et changer votre perspective pour embrasser, adapter et développer votre personnalité.

4.2. LÂCHER LES ATTACHEMENTS MALSAINS

La libération des attachements malsains est un aspect essentiel du stoïcisme et du travail de l'ombre. Ces attachements peuvent prendre diverses formes, y compris des relations toxiques et des possessions matérielles, et ils peuvent avoir un impact considérable sur notre bien-être mental et émotionnel. Le stoïcisme nous apprend à donner la priorité à ce que nous pouvons contrôler et à nous détacher des facteurs externes qui peuvent causer de la détresse. D'autre part, le travail de l'ombre nous encourage à plonger dans les attachements émotionnels sous-jacents, souvent inconscients, qui motivent nos comportements et nos pensées.

Pour entamer le processus d'abandon des attachements malsains, il est essentiel de commencer par les identifier. Ces attachements peuvent être tout ce sur quoi nous comptons excessivement pour notre sentiment de sécurité, de bonheur ou d'identité. Il peut s'agir d'une personne, d'un travail, d'une croyance ou même d'un résultat spécifique sur lequel nous avons fait une fixation. Le travail sur l'ombre nous aide à découvrir les schémas émotionnels et les traumatismes qui peuvent alimenter ces attachements, ce qui nous permet de mieux comprendre pourquoi ils exercent un tel pouvoir sur nous.

Une fois que nous avons identifié nos attachements malsains, les principes stoïciens nous guident pour évaluer si ces attachements sont sous notre contrôle. Le concept de dichotomie du contrôle nous apprend à faire la distinction entre ce que nous pouvons changer et ce que nous ne pouvons pas changer. En acceptant que certaines choses sont hors de notre contrôle, nous pouvons commencer à relâcher l'emprise émotionnelle que ces attachements ont sur nous. Le travail de l'ombre complète ce processus en nous aidant à découvrir les blessures émotionnelles plus profondes qui peuvent être à l'origine de ces attachements, ce qui nous permet de les traiter à la racine.

Pratiquer le non-attachement ne signifie pas manquer d'amour ou d'attention pour les choses et les personnes qui font partie de notre vie. Cela signifie entretenir avec eux une relation saine, exempte d'attentes excessives et de dépendance émotionnelle. La philosophie stoïcienne nous encourage à rechercher la tranquillité et la paix intérieure, indépendamment des circonstances extérieures. Le travail de l'ombre nous aide à découvrir les croyances et les peurs inconscientes qui peuvent alimenter nos attachements, permettant ainsi la guérison et la transformation.

La pratique de la pleine conscience est une technique efficace pour se défaire des attachements malsains. En étant pleinement présents et conscients de nos pensées et de nos émotions, nous pouvons observer la nature de nos attachements sans nous y empêtrer. Cette pratique de la pleine conscience, associée aux principes stoïciens, nous aide à reconnaître l'impermanence des choses extérieures et la futilité d'essayer de les contrôler. En devenant plus attentifs, nous pouvons progressivement relâcher notre emprise sur ces attachements et trouver une plus grande paix et une plus grande liberté en nous-mêmes.

Le processus d'abandon des attachements malsains consiste à récupérer notre force intérieure et notre souveraineté. La philosophie stoïcienne nous enseigne à nous concentrer sur la culture de la vertu et de la résilience intérieure, tandis que le travail de l'ombre nous aide à découvrir les blessures émotionnelles et les peurs les plus profondes qui peuvent être à l'origine de nos attachements. En intégrant ces deux approches, nous pouvons progressivement relâcher l'emprise des attachements malsains et vivre avec une plus grande liberté émotionnelle et une plus grande authenticité.

MISE EN PRATIQUE

(1) Identifiez vos attachements malsains Exemple : Prenez le temps de réfléchir et de dresser une liste des choses ou des relations dont vous dépendez excessivement pour votre sécurité ou votre bonheur. Il peut s'agir d'une personne en particulier, d'un emploi, d'une croyance ou même d'un résultat sur lequel vous faites une fixation.

(2) Explorer les schémas émotionnels et les traumatismes sous-jacents à vos attachements Exemple : Effectuez un travail de l'ombre en tenant un journal ou en suivant une thérapie pour découvrir les blessures et les traumatismes émotionnels plus profonds qui peuvent alimenter vos attachements. Cela peut vous aider à mieux comprendre pourquoi ces attachements ont une telle emprise sur vous.

(3) Évaluer si vos attachements sont sous votre contrôle Exemple : Appliquez les principes stoïciens en examinant si les attachements que vous avez identifiés sont sous votre contrôle ou non. Déterminez si vous pouvez agir pour changer la situation ou si vous devez accepter qu'elle échappe à votre contrôle.

(4) Pratiquez le non-attachement et cultivez une relation saine Exemple : Cultivez la pleine conscience de vos pensées et de vos émotions afin de développer une relation saine avec vos attachements. Libérez-vous de vos attentes excessives et de votre dépendance émotionnelle, en vous autorisant à trouver la tranquillité et la paix à l'intérieur de vous, indépendamment des circonstances extérieures.

(5) Utiliser la pleine conscience et les principes stoïciens pour reconnaître l'impermanence Exemple : Pratiquer la méditation de pleine conscience pour observer l'impermanence des choses extérieures et la futilité d'essayer de les contrôler. Combinez cette pratique avec les principes stoïciens pour vous libérer progressivement de vos attachements malsains et trouver une plus grande paix et une plus grande liberté en vous.

(6) Cultiver la vertu, la résilience intérieure et la liberté émotionnelle Exemple : Concentrez-vous sur la culture des qualités vertueuses et de la résilience intérieure, comme l'enseigne la philosophie stoïcienne. Simultanément, engagez-vous dans le travail de l'ombre pour guérir et transformer les blessures émotionnelles profondes et les peurs qui sous-tendent vos attachements. En intégrant ces approches, vous pouvez progressivement relâcher l'emprise des attachements malsains et vivre avec une plus grande liberté émotionnelle et une plus grande authenticité.

4.3. Transformer la peur et l'anxiété

La peur et l'anxiété sont des émotions courantes que nous ressentons tous à un moment ou à un autre de notre vie. Elles peuvent être accablantes et nous paralyser, nous empêchant d'agir et de vivre pleinement notre vie. Cependant, la philosophie stoïcienne propose des techniques puissantes pour transformer ces émotions négatives en sources de croissance et d'autonomisation.

L'un des principes fondamentaux du stoïcisme est de comprendre ce qui est et ce qui n'est pas sous notre contrôle. Si nous n'avons pas un contrôle total sur les événements extérieurs ou les actions des autres, nous avons en revanche le contrôle de nos pensées, de nos croyances et de nos choix. Cette prise de conscience est cruciale lorsqu'il s'agit de la peur et de l'anxiété. Nous craignons souvent des choses qui échappent à notre contrôle, comme l'avenir ou l'opinion des autres. Le stoïcisme nous apprend à nous concentrer sur ce que nous pouvons contrôler, c'est-à-dire notre réponse à ces circonstances extérieures.

En pratiquant l'acceptation stoïcienne, nous pouvons apprendre à accepter nos peurs et nos angoisses sans les laisser dicter nos actions. Au lieu d'essayer d'éviter ou de supprimer ces émotions, nous pouvons les reconnaître et comprendre qu'elles font naturellement partie de l'être humain. L'acceptation de la peur et de l'anxiété nous permet de les affronter de front, plutôt que de les laisser nous contrôler.

Une autre technique stoïcienne pour transformer la peur et l'anxiété consiste à recadrer notre perception de ces émotions. Le stoïcisme nous apprend à considérer les défis et les obstacles comme des opportunités de croissance et d'amélioration de soi. Lorsque nous abordons la peur et l'anxiété avec un état d'esprit stoïcien, nous pouvons les considérer comme des invitations à développer notre résilience et notre force intérieure. En considérant ces émotions comme des tremplins plutôt que comme des obstacles, nous pouvons changer notre perspective et exploiter leur énergie pour nous propulser vers l'avant.

La pratique de la pleine conscience est également essentielle pour transformer la peur et l'anxiété. Lorsque nous cultivons la conscience du moment présent, nous pouvons observer nos pensées craintives et nos sentiments d'anxiété sans les juger. Au lieu de nous perdre dans les récits créés par notre esprit, nous pouvons les reconnaître comme des phénomènes passagers. Grâce à la pleine conscience, nous pouvons nous détacher de nos pensées effrayantes et ramener notre attention sur le moment présent, où résident la paix et la tranquillité véritables.

En outre, l'intégration des aspects obscurs de la peur et de l'anxiété est vitale pour la croissance et le développement personnels holistiques. Le travail sur l'ombre consiste à découvrir et à accepter nos peurs et nos angoisses inconscientes, qui proviennent souvent de traumatismes passés ou d'émotions non résolues. En mettant en lumière ces aspects cachés de nous-mêmes, nous pouvons les guérir et les intégrer à notre conscience. Ce faisant, nous nous libérons de l'emprise de la peur et de l'anxiété et récupérons notre pouvoir personnel.

Transformer la peur et l'anxiété est une pratique permanente qui exige dévouement et compassion. En tant que stoïciens, nous comprenons que ces émotions sont inévitables, mais que nous avons le pouvoir de les transformer en opportunités de croissance et de découverte de soi. En intégrant les principes stoïciens dans notre vie et en nous engageant dans le travail de l'ombre, nous pouvons cultiver la résilience et la force nécessaires pour affronter l'inconnu avec courage et sérénité.

Rappelez-vous que le stoïcisme ne consiste pas à supprimer ou à nier nos émotions, mais plutôt à développer une relation saine et équilibrée avec elles. En adoptant un état d'esprit stoïque, nous pouvons traverser les hauts et les bas de la vie avec un sentiment de calme et de force intérieure. Ainsi, la prochaine fois que la peur ou l'anxiété surgissent, accueillez-les comme des enseignants et des catalyseurs de croissance personnelle.

MISE EN PRATIQUE

(1) Cultiver la conscience de soi et la pleine conscience. Exemple : Pratiquer la méditation ou tenir un journal quotidien pour observer et comprendre les pensées, les croyances et les éléments déclencheurs qui contribuent à la peur et à l'anxiété.

(2) Appliquer les principes stoïciens de recadrage cognitif et d'analyse rationnelle. Exemple : Remettre en question les peurs irrationnelles et les schémas de pensée déformés en s'interrogeant sur les preuves qui les sous-tendent et en trouvant d'autres perspectives.

(3) Accepter et se rendre. Exemple : Reconnaître que tout n'est pas sous votre contrôle et abandonner le besoin de tout contrôler, trouver la paix en acceptant les incertitudes de la vie.

(4) Intégrer le travail de l'ombre et mettre en lumière les peurs et les angoisses. Exemple : S'engager dans une thérapie ou des pratiques d'auto-réflexion pour découvrir des peurs profondes et des aspects non reconnus de soi-même, et les intégrer à la conscience.

(5) Pratiquez des techniques de pleine conscience. Exemple : Développer une pratique quotidienne de la pleine conscience pour observer et se détacher des pensées et des émotions de peur et d'anxiété, en y réagissant de manière équilibrée et constructive.

(6) Renforcer la résilience par des pratiques stoïques. Exemple : Accepter l'inconfort et l'adversité comme des opportunités de croissance, en affrontant les peurs et les angoisses avec courage et détermination.

4.4. ÉQUILIBRER LE CONTRÔLE ET L'ABANDON

Dans la quête de la découverte de soi et du développement personnel, il est essentiel de comprendre l'équilibre délicat entre le contrôle et l'abandon. Le stoïcisme nous enseigne l'importance de discerner ce qui est sous notre contrôle et d'accepter ce qui ne l'est pas. De même, le travail sur l'ombre nous incite à affronter nos peurs et nos insécurités, tout en nous abandonnant au processus qui consiste à embrasser nos aspects sombres avec compassion et acceptation.

La dichotomie du contrôle : Acceptation stoïque et intégration de l'ombre

L'équilibre entre le contrôle et l'abandon implique de reconnaître que nous avons le pouvoir d'influencer certains aspects de notre vie, tels que nos pensées, nos actions et nos réactions aux événements extérieurs. Cependant, il est tout aussi important de reconnaître que de nombreux facteurs échappent à notre contrôle, notamment les comportements des autres, les circonstances imprévues et les résultats de nos efforts. Cette compréhension constitue la base pour cultiver la résilience et la paix intérieure.

Pour parvenir à cet équilibre, il est essentiel de cultiver un état d'esprit de résilience et d'adaptabilité. Nous devons apprendre à nous défaire de notre attachement à des résultats spécifiques et renoncer au besoin de contrôle absolu. Cela n'implique pas la passivité ou l'indifférence, mais plutôt d'aborder la vie avec une perspective ouverte et flexible. En adoptant le concept d'abandon, nous pouvons nous libérer de la pression pesante d'essayer de manipuler chaque situation à notre guise.

L'abandon n'est pas synonyme de faiblesse, mais plutôt de force et de sagesse profondes. Il s'agit de développer la capacité à faire confiance au déroulement naturel de la vie, même face à l'incertitude et à l'imprévisibilité. Grâce à l'abandon, nous nous ouvrons à de nouvelles possibilités et opportunités qui auraient pu être cachées lorsque nous nous accrochions fermement aux rênes du contrôle. Cet état d'abandon nous permet de suivre le cours de la vie, plutôt que d'y résister, ce qui apporte un sentiment de facilité et de grâce à nos expériences.

Dans le contexte du stoïcisme, la reddition s'aligne sur l'acceptation du moment présent et sur l'abandon des attachements à des résultats extérieurs. Elle n'implique pas l'apathie ou la résignation, mais plutôt une évaluation réaliste de ce qui est ou n'est pas en notre pouvoir. En nous concentrant sur nos pensées et nos actions, au lieu de nous attacher aux circonstances extérieures, nous pouvons cultiver la paix intérieure et la responsabilisation.

En appliquant ce principe au travail de l'ombre, l'abandon consiste à affronter nos peurs, nos insécurités et nos émotions refoulées avec courage et compassion. Il s'agit de renoncer au besoin constant de supprimer ou de contrôler nos aspects obscurs et de les embrasser avec conscience. Ce processus d'abandon à notre ombre nous permet d'intégrer ces parties reniées de nous-mêmes, ce qui nous conduit à un plus grand sentiment de plénitude et d'authenticité.

L'équilibre entre le contrôle et l'abandon est une pratique permanente et dynamique. Il nécessite la conscience de soi, la pleine conscience et la volonté d'abandonner le besoin de certitude et de perfection. En adoptant cet équilibre, nous pouvons relever les défis de la vie avec plus de résilience, d'équanimité et de compassion, envers nous-mêmes et envers les autres.

En trouvant l'harmonie entre l'acceptation stoïque et l'intégration de l'ombre, nous pouvons cultiver un sens plus profond de la paix intérieure, de l'authenticité et de la résilience. Cela nous permet d'embrasser le voyage de la découverte de soi et de la croissance avec un cœur et un esprit ouverts.

MISE EN PRATIQUE

(1) Cultiver un état d'esprit de résilience et de flexibilité. Exemple : Pratiquez la méditation et des exercices de pleine conscience pour développer la résilience et la flexibilité dans les situations difficiles. Par exemple, face à une échéance professionnelle stressante, prenez quelques minutes pour respirer profondément et vous rappeler que vous avez la capacité de vous adapter et de trouver des solutions.

(2) Se défaire de l'attachement à des résultats spécifiques. Exemple : Lorsque vous vous fixez des objectifs, concentrez-vous sur le processus plutôt que sur le résultat final. Par exemple, au lieu de vous attacher à gagner une compétition, concentrez-vous sur le plaisir du voyage et sur le fait de donner le meilleur de vous-même.

(3) Adoptez le concept d'abandon et faites confiance au déroulement naturel de la vie. Exemple : Lorsque vous êtes confronté à des changements ou à des défis inattendus, entraînez-vous à abandonner le besoin de contrôler la situation. Ayez confiance dans le fait que les

choses se dérouleront comme prévu et cherchez des occasions d'apprendre et de grandir à partir de l'expérience.

(4) Affrontez vos peurs, vos insécurités et vos émotions refoulées avec courage et compassion. Exemple : Prenez le temps de réfléchir aux peurs ou aux insécurités qui vous freinent et cherchez des moyens de les affronter. Cela peut consister à rechercher le soutien d'un ami de confiance ou d'un thérapeute, à tenir un journal sur vos sentiments ou à participer à des activités qui vous poussent à sortir de votre zone de confort.

(5) Concentrez-vous sur vos pensées et vos actions, plutôt que sur les circonstances extérieures. Exemple : Au lieu de vous laisser absorber par des événements ou des situations négatifs, redirigez votre attention sur la façon dont vous pouvez choisir d'y répondre et de vous en sortir. Entraînez-vous à reformuler vos pensées négatives en affirmations positives et à prendre des mesures proactives en faveur de votre développement personnel et de votre bien-être.

(6) Intégrez vos aspects d'ombre en les embrassant et en les acceptant. Exemple : Prenez le temps d'identifier les aspects de vous-même que vous niez ou supprimez. Il peut s'agir de reconnaître et d'accepter vos erreurs, vos vulnérabilités ou vos traits moins désirables. Trouvez des moyens d'intégrer ces aspects dans l'image que vous avez de vous-même et utilisez-les comme catalyseurs de croissance personnelle et d'acceptation de soi.

(7) Pratiquer la conscience de soi et la pleine conscience. Exemple : Tenez un journal quotidien pour réfléchir à vos pensées, vos émotions et vos actions. Cela peut vous aider à prendre conscience de vos habitudes, des éléments déclencheurs et des domaines dans lesquels vous pouvez vous concentrer sur votre développement personnel. Consacrez régulièrement du temps à la méditation ou à la pleine conscience afin de mieux vous connaître et de mieux comprendre vos réactions face à différentes situations.

(8) Se défaire du besoin de certitude et de perfection. Exemple : Au lieu de rechercher des résultats parfaits ou d'essayer constamment de contrôler tous les aspects de votre vie, acceptez l'incertitude et les imperfections. Pratiquez l'autocompassion et rappelez-vous que les

erreurs et les revers sont des occasions d'apprendre et de se développer.

(9) Aborder la vie avec ouverture d'esprit et adaptabilité. Exemple : Au lieu de s'en tenir rigidement à un plan ou à un état d'esprit figé, rester ouvert à de nouvelles possibilités et à des modes de pensée différents. Cela peut impliquer de tenter de nouvelles expériences, de s'engager dans des perspectives diverses et d'être ouvert au changement et à la croissance.

(10) Faire preuve de compassion envers soi-même et envers les autres. Exemple : Pratiquez la gentillesse, la compréhension et le pardon envers vous-même et les autres. Cela peut impliquer de reconnaître et d'accepter ses propres défauts et erreurs, ainsi que d'offrir du soutien et de l'empathie à ceux qui vous entourent.

4.5. INTÉGRER LES ASPECTS OCCULTES DU CONTRÔLE

Lorsqu'il s'agit de comprendre le concept de contrôle, tant dans le stoïcisme que dans le travail de l'ombre, il est essentiel de reconnaître qu'il existe des parties de nous-mêmes dont nous ne sommes pas toujours conscients ou avec lesquelles nous ne sommes pas toujours à l'aise. Ces parties sont connues sous le nom d'aspects de l'ombre, qui sont les aspects de notre psyché que nous avons tendance à réprimer ou à nier. Dans le contexte du contrôle, ces aspects de l'ombre peuvent se manifester par des tendances manipulatrices, un besoin excessif de pouvoir ou la peur de perdre le contrôle. Il est essentiel d'intégrer ces aspects sombres du contrôle afin d'atteindre la paix et l'équilibre intérieurs.

Dans le stoïcisme, la dichotomie du contrôle nous enseigne qu'il y a des choses que nous pouvons contrôler et d'autres qui nous échappent. En adoptant ce principe, nous pouvons commencer à reconnaître quand notre désir de contrôle provient d'un lieu de peur ou d'insécurité. C'est là que le travail de l'ombre prend toute sa valeur. En fouillant dans nos aspects obscurs du contrôle, nous pouvons découvrir les peurs et les insécurités sous-jacentes qui motivent notre besoin de contrôle. Cette connaissance de soi nous permet de nous libérer de l'emprise de ces aspects de l'ombre sur nous.

L'auto-réflexion et l'introspection constituent un moyen efficace d'intégrer les aspects obscurs du contrôle. En explorant nos croyances et nos comportements en matière de contrôle, nous pouvons commencer à identifier les motifs ou les peurs inconscientes qui les motivent. Par exemple, une personne qui cherche constamment à contrôler les autres peut découvrir que sa peur de la vulnérabilité est au cœur de ce comportement. En reconnaissant et en acceptant cette peur, elle peut commencer à se défaire de son besoin de contrôle excessif.

Un autre aspect important de l'intégration des aspects fantômes du contrôle est d'apprendre à se défaire des attachements malsains. Il peut s'agir d'attachements à des résultats, à des personnes ou à des situations. Le stoïcisme met fortement l'accent sur la culture de la tranquillité intérieure et de l'équanimité, quelles que soient les circonstances extérieures. Le travail sur l'ombre nous aide à découvrir les attachements sous-jacents qui alimentent notre besoin de contrôle et nous apprend à nous en libérer avec compassion et compréhension.

En outre, l'intégration des aspects obscurs du contrôle implique de transformer la peur et l'anxiété en acceptation et en abandon. Nous cherchons souvent à contrôler nos peurs et nos angoisses, mais cela ne fait que les perpétuer. En embrassant les aspects de l'ombre liés au contrôle, nous pouvons apprendre à gérer ces émotions par la pleine conscience et l'acceptation stoïque. Cela nous permet de passer d'un contrôle basé sur la peur à une approche plus équilibrée et plus abandonnée de la vie.

L'intégration des aspects de contrôle de l'ombre consiste à trouver un équilibre harmonieux entre la maîtrise de notre vie et l'acceptation de l'incertitude inhérente au monde. En reconnaissant et en travaillant avec nos aspects sombres, nous pouvons cultiver un plus grand sentiment de paix intérieure, de résilience et de liberté émotionnelle. Cette intégration nous permet de nous engager dans le monde à partir d'une position d'autonomie et d'authenticité, plutôt que de réagir à partir d'un besoin de contrôle basé sur la peur.

En intégrant les principes du stoïcisme et les enseignements du travail de l'ombre, nous pouvons développer une compréhension plus complète du contrôle et de son rôle dans notre vie. Cette intégration nous permet de cultiver une relation plus saine avec le contrôle, fondée sur la conscience de soi, l'acceptation et la résilience. En intégrant ces aspects de l'ombre, nous créons un espace pour la croissance, la transformation et un sens plus profond de l'harmonie intérieure.

MISE EN PRATIQUE

(1) Pratiquer l'autoréflexion et l'introspection pour identifier les motivations et les peurs inconscientes liées au contrôle. Exemple : Prenez chaque jour le temps de tenir un journal et de réfléchir aux situations dans lesquelles vous avez ressenti le besoin de contrôler. Explorez les peurs et les insécurités sous-jacentes qui peuvent être à l'origine de ce comportement. En prenant conscience de ces aspects de l'ombre, vous pouvez commencer à vous libérer de leur emprise.

(2) Se défaire des attachements malsains à des résultats, des personnes ou des situations. Exemple : Identifiez un résultat spécifique ou une personne que vous vous sentez trop attaché à contrôler. Entraînez-vous à vous défaire de votre attachement en vous rappelant que vous ne pouvez pas tout contrôler. Cultivez un sentiment d'acceptation et de confiance dans le cours naturel de la vie.

(3) Transformer la peur et l'anxiété liées au contrôle en acceptation et en abandon. Exemple : Lorsque vous ressentez de la peur ou de l'anxiété face à une situation, faites une pause et respirez profondément. Reconnaissez la peur sans essayer de la contrôler. Entraînez-vous à accepter l'incertitude et à vous abandonner au moment présent.

(4) Cultiver la paix intérieure et l'équanimité en pratiquant les principes stoïciens. Exemple : Incorporez des pratiques stoïciennes telles que la méditation de pleine conscience, les exercices de gratitude et la concentration sur ce qui est sous votre contrôle. Développez une routine quotidienne qui inclut ces pratiques pour cultiver la paix intérieure et la résilience.

(5) S'engager dans le monde à partir d'un lieu de responsabilisation et d'authenticité. Exemple : Avant de vous engager dans une situation, faites une pause et réfléchissez à vos intentions. Demandez-vous si vos actions sont motivées par un besoin de contrôle basé sur la peur ou si elles correspondent à vos valeurs authentiques. Choisissez d'agir à partir d'un lieu de responsabilisation et d'authenticité.

(6) Créer un espace de croissance et de transformation en intégrant les aspects obscurs du contrôle. Exemple : Cherchez des occasions de confronter et d'embrasser les aspects de l'ombre liés au contrôle. Participez à des séances de thérapie ou de coaching pour explorer et intégrer ces aspects. Ce faisant, vous pouvez faire l'expérience de la croissance et de la transformation personnelles.

(7) Développer une compréhension holistique du contrôle en intégrant les principes du stoïcisme et du travail de l'ombre. Exemple : Lisez des livres ou participez à des ateliers qui approfondissent la philosophie stoïcienne et le travail de l'ombre. Cherchez à comprendre les principes sous-jacents et la façon dont ils peuvent fonctionner ensemble pour fournir une perspective plus complète sur le contrôle. Appliquez ces connaissances dans votre vie quotidienne.

(8) Favoriser la conscience de soi, l'acceptation et la résilience dans votre relation avec le contrôle. Exemple : Faites régulièrement le point avec vous-même pour surveiller vos schémas de pensée et vos comportements liés au contrôle. Pratiquez l'auto-compassion et l'acceptation lorsque vous remarquez ces schémas. Cultivez la résilience en vous rappelant que vous avez la capacité de vous libérer du besoin de contrôle excessif.

5. La pleine conscience et l'esprit stoïque : Observer les pensées et les émotions

5.1. DÉVELOPPER DES PRATIQUES DE PLEINE CONSCIENCE

Le développement de pratiques de pleine conscience joue un rôle crucial dans l'intégration des principes stoïciens et du travail de l'ombre dans notre vie quotidienne. La pleine conscience est la pratique qui consiste à être pleinement conscient de nos pensées, de nos sentiments, de nos sensations corporelles et du monde qui nous entoure à chaque instant. C'est un aspect fondamental du stoïcisme et du travail de l'ombre, et en affinant nos compétences en matière de pleine conscience, nous pouvons acquérir une compréhension plus profonde de nous-mêmes et du monde, ce qui conduit à la paix intérieure et à la résilience.

La méditation quotidienne est un moyen efficace de cultiver la pleine conscience. La méditation permet de calmer l'esprit, d'observer nos pensées sans attachement et de cultiver un sentiment de calme intérieur. Le simple fait de consacrer quelques minutes par jour à la méditation peut nous aider à renforcer notre capacité à être présent et à nous détacher du bavardage mental constant. Cette pratique est particulièrement bénéfique lorsque l'on est confronté à des émotions difficiles et à des zones d'ombre, car elle offre un espace d'observation et d'introspection sans jugement.

Outre la méditation formelle, nous pouvons également intégrer la pleine conscience dans nos activités quotidiennes. Il s'agit de se concentrer pleinement sur les tâches à accomplir, qu'il s'agisse de prendre un repas, de se promener ou d'engager une conversation. En s'engageant en pleine conscience dans ces activités, nous pouvons développer une appréciation plus profonde du moment présent et renforcer notre capacité à rester ancrés et centrés, même dans les moments difficiles.

Un autre aspect du développement des pratiques de pleine conscience consiste à cultiver la conscience de nos réactions émotionnelles. En prêtant attention à la manière dont nos émotions se manifestent dans notre corps et en observant les schémas de pensée qui les accompagnent, nous pouvons acquérir une meilleure compréhension de notre paysage émotionnel. Cette conscience accrue nous permet de répondre à nos émotions avec intention et discernement, plutôt que de réagir de manière impulsive.

Les techniques stoïciennes de la pleine conscience offrent également des indications précieuses pour cultiver les pratiques de la pleine conscience. Par exemple, la pratique de la visualisation négative, qui consiste à imaginer la perte d'un objet auquel nous tenons, peut nous aider à apprécier le moment présent et à renforcer notre résilience face à l'adversité. De même, la contemplation de la nature des choses, prônée par les philosophes stoïciens, nous encourage à réfléchir à l'impermanence de la vie et à la nature transitoire de nos expériences, ce qui favorise la pleine conscience et l'acceptation.

Il est important de reconnaître et d'accepter les aspects de l'ombre dans nos pratiques de pleine conscience. Cela signifie qu'il faut être prêt à affronter les émotions, les pensées et les schémas inconfortables sans jugement ni évitement. En intégrant les aspects de l'ombre dans nos pratiques de pleine conscience, nous pouvons approfondir notre compréhension de nous-mêmes et découvrir des sources cachées de force et de sagesse intérieures.

Développer des pratiques de pleine conscience est essentiel pour intégrer les principes stoïciens et le travail de l'ombre dans nos vies. Grâce à la méditation, à l'engagement en pleine conscience dans les activités quotidiennes, à la conscience émotionnelle et aux enseignements des techniques stoïciennes, nous pouvons améliorer notre capacité à rester présents, centrés et résilients face aux défis de la vie. L'intégration des aspects de l'ombre dans nos pratiques de pleine conscience nous permet d'approfondir notre conscience de soi et d'adopter une approche plus globale de l'épanouissement et du développement personnel.

MISE EN PRATIQUE

(1) Développez une routine de méditation quotidienne. Exemple : Réservez 10 minutes chaque matin pour vous asseoir et méditer dans le calme. Concentrez-vous sur votre respiration et observez vos pensées sans les juger. Avec le temps, cette pratique vous aidera à cultiver le calme intérieur et à être plus présent dans l'instant, même dans les situations difficiles.

(2) Pratiquez la pleine conscience dans vos activités quotidiennes. Exemple : Lorsque vous prenez un repas, prenez le temps de faire appel à tous vos sens. Remarquez les saveurs, les textures et les odeurs de votre nourriture. Évitez les distractions et appréciez chaque bouchée, en savourant l'expérience. Vous renforcerez ainsi votre lien avec le moment présent et développerez un sentiment de gratitude plus profond.

(3) Cultiver la conscience des réactions émotionnelles. Exemple : Chaque fois que vous ressentez une émotion forte, faites une pause et prenez le temps d'observer ce que vous ressentez dans votre corps. Remarquez les pensées ou les schémas qui l'accompagnent. En développant cette conscience, vous pouvez choisir comment répondre à vos émotions au lieu de réagir automatiquement, ce qui vous permet d'agir de manière plus intentionnelle et plus attentive.

(4) Pratiquez la visualisation négative. Exemple : Prenez chaque jour le temps d'imaginer la perte d'un objet auquel vous tenez, comme un être cher ou un bien qui vous est cher. Réfléchissez à l'impermanence

de la vie et cultivez la gratitude pour ce que vous avez dans le moment présent. Cet exercice peut vous aider à développer la résilience et l'appréciation de ce que vous avez, en favorisant un état d'esprit de pleine conscience et d'acceptation.

(5) Intégrer les aspects de l'ombre dans les pratiques de la pleine conscience. Exemple : Lorsque des émotions ou des pensées désagréables surgissent pendant la méditation ou les activités quotidiennes, au lieu de les éviter ou de les juger, penchez-vous sur elles avec curiosité et compassion. Explorez ce qu'elles essaient de vous montrer sur vous-même et accueillez-les comme des sources précieuses de compréhension et de développement de soi. Cette intégration des aspects de l'ombre approfondira vos pratiques de pleine conscience et conduira à une approche plus holistique du développement personnel.

(6) Réfléchir au caractère éphémère des expériences. Exemple : Réservez du temps chaque semaine pour contempler l'impermanence de la vie et la nature temporaire de toutes les expériences. Cette réflexion peut vous aider à développer un sentiment de détachement et de non-attachement, vous permettant d'aborder les expériences agréables et difficiles avec sérénité. En reconnaissant la nature éphémère des choses, vous pouvez cultiver un sens plus profond de la pleine conscience et de l'acceptation dans votre vie quotidienne.

(7) Reconnaître et affronter en permanence les émotions et les pensées désagréables. Exemple : Chaque fois que vous ressentez un malaise ou que des pensées négatives apparaissent, prenez le temps de les reconnaître sans les juger. Au lieu de les repousser ou de vous distraire, offrez-leur un espace d'exploration et de compréhension. Cette pratique vous permettra d'approfondir votre connaissance de vous-même et de découvrir des sources cachées de force et de sagesse en vous.

5.2. TÉMOIGNER DES PENSÉES SANS JUGEMENT

Dans la pratique du stoïcisme et du travail de l'ombre, un aspect important du développement de la pleine conscience et de la connaissance de soi est le concept de "Témoin des pensées sans jugement". Cette pratique consiste à observer nos pensées et nos émotions sans y attacher de jugement de valeur. Au lieu de qualifier nos pensées de bonnes ou de mauvaises, nous les reconnaissons simplement lorsqu'elles surgissent, ce qui nous permet d'acquérir une meilleure compréhension de nous-mêmes.

En observant nos pensées sans les juger, nous créons un espace d'autoréflexion et d'introspection. Cela nous permet de prendre conscience des schémas et des tendances qui façonnent notre comportement et nos émotions. En observant nos pensées sans porter de jugement, nous pouvons mieux comprendre les causes profondes de nos peurs, de nos insécurités et de nos zones d'ombre, qui sont souvent cachées sous la surface de notre conscience.

La pratique de la conscience sans jugement de nos pensées nous aide également à cultiver un sentiment de détachement à leur égard. Au lieu de nous empêtrer dans nos pensées et de les laisser contrôler nos actions, nous pouvons les considérer de manière objective et neutre. Cela favorise la clarté mentale et la stabilité émotionnelle, nous aidant à répondre aux situations difficiles avec calme et sagesse.

En outre, le fait d'être témoin de nos pensées sans les juger nous permet de développer une relation plus compatissante et plus compréhensive avec nous-mêmes. Au lieu de nous critiquer et de nous réprimander pour nos pensées et nos émotions, nous pouvons les aborder avec curiosité et acceptation. Cette observation compatissante de soi crée un environnement propice à l'épanouissement personnel et à la guérison, ce qui nous permet d'aborder nos zones d'ombre avec bienveillance et empathie.

Pour illustrer cette pratique, imaginez une situation où vous ressentez de la colère envers un collègue de travail. Au lieu de réagir immédiatement, prenez le temps d'observer les pensées et les sentiments qui surgissent sans porter de jugement. Observez les sensations physiques dans votre corps, les pensées spécifiques qui déclenchent votre colère et les peurs ou insécurités sous-jacentes qui peuvent contribuer à cette réponse émotionnelle. Grâce à cette observation sans jugement, vous pouvez mieux comprendre les aspects obscurs de votre personnalité qui sont activés dans cette situation, comme la peur de ne pas être à la hauteur ou le besoin de validation.

En cultivant la capacité d'observer les pensées sans les juger, vous vous donnez les moyens de réagir aux situations difficiles avec sagesse et sérénité. Cette pratique vous permet d'approfondir la conscience de votre paysage intérieur, ce qui favorise le développement personnel et l'intégration de soi. En continuant à développer cette compétence, vous découvrirez que vous pouvez naviguer dans les complexités de votre monde intérieur avec grâce et résilience, conduisant finalement à une manière d'être plus harmonieuse et plus consciente.

MISE EN PRATIQUE

(1) Pratiquer une prise de conscience sans jugement des pensées et des émotions. Exemple : Au lieu de qualifier vos pensées de bonnes ou de mauvaises, observez-les simplement sans y attacher de jugement de valeur. Par exemple, lorsque vous vous sentez anxieux, reconnaissez les pensées anxieuses sans vous juger pour ce sentiment.
(2) Créer un espace de réflexion et d'introspection. Exemple : Réservez chaque jour un temps dédié à la contemplation silencieuse, en vous permettant d'observer et de réfléchir à vos pensées et à vos émotions. Vous pouvez le faire le matin avant de commencer votre journée ou le soir avant de vous coucher.
(3) Cultiver un sentiment de détachement par rapport aux pensées. Exemple : Au lieu de vous laisser emporter par vos pensées et de les laisser dicter vos actions, entraînez-vous à les considérer avec objectivité et neutralité. Par exemple, lorsque vous êtes confronté à une décision difficile, prenez du recul et évaluez la situation sans vous attacher émotionnellement aux différentes options.
(4) Aborder les pensées et les émotions avec curiosité et acceptation. Exemple : Lorsque des pensées ou des émotions négatives surgissent,

au lieu de vous critiquer, abordez-les avec un sentiment de curiosité et d'acceptation. Demandez-vous pourquoi vous vous sentez ainsi et explorez les causes sous-jacentes sans porter de jugement.

(5) Utilisez l'observation sans jugement pour mieux comprendre les aspects obscurs de votre personnalité. Exemple : Lorsque vous ressentez une forte réaction émotionnelle, comme de la colère envers un collègue, prenez le temps d'observer vos pensées, vos émotions et vos sensations physiques sans porter de jugement. Réfléchissez aux peurs ou aux insécurités qui peuvent contribuer à cette réaction et réfléchissez à la manière dont elles s'alignent sur vos aspects sombres.

(6) Se donner les moyens de répondre aux situations difficiles avec sagesse et sérénité. Exemple : Dans les situations qui déclenchent des émotions fortes, faites une pause et choisissez consciemment comment réagir plutôt que de réagir impulsivement. En observant vos pensées et vos émotions sans porter de jugement, vous pouvez prendre des décisions plus éclairées et mieux fondées.

(7) Développer une conscience plus profonde de votre paysage intérieur. Exemple : Adoptez régulièrement des pratiques telles que la méditation ou la tenue d'un journal afin d'explorer et de comprendre vos pensées, vos émotions et vos schémas de comportement. Cette conscience de soi vous aidera à faire des choix conscients en accord avec vos valeurs et vos objectifs.

(8) Favoriser le développement personnel et l'intégration de soi par une observation compatissante de soi. Exemple : Au lieu d'être critique ou dur envers vous-même, pratiquez l'autocompassion lorsque vous êtes confronté à des pensées ou des émotions difficiles. Traitez-vous avec gentillesse et empathie lorsque vous explorez et abordez vos zones d'ombre.

(9) Naviguez dans les complexités de votre monde intérieur avec grâce et résilience. Exemple : Lorsque vous êtes confronté à des situations difficiles, faites appel à votre pratique de la conscience sans jugement pour les aborder avec sang-froid et stabilité émotionnelle. En cultivant cette compétence, il vous sera plus facile de maintenir un sentiment d'équilibre et d'harmonie dans votre vie.

(10) Cultiver une manière d'être consciente en développant en permanence des pensées témoins sans jugement. Exemple : Engagez-

vous à intégrer cette pratique dans votre vie quotidienne, en vous livrant systématiquement à l'autoréflexion et en observant vos pensées et vos émotions sans porter de jugement. Avec le temps, cette pratique deviendra une habitude naturelle et bien ancrée, conduisant à un mode de vie plus conscient et plus épanouissant.

5.3. TECHNIQUES STOÏCIENNES DE PLEINE CONSCIENCE

Les techniques stoïciennes de pleine conscience sont des outils incroyablement puissants qui peuvent nous aider à cultiver la résilience émotionnelle et à faire face aux défis de la vie avec un sentiment de calme et d'équanimité. Ces techniques s'inspirent de la sagesse ancienne du stoïcisme, qui souligne l'importance de vivre le moment présent et de reconnaître la nature temporaire de nos pensées et de nos émotions.

L'une des principales techniques stoïciennes de pleine conscience est appelée "premeditatio malorum", ou préméditation des maux. Cette pratique consiste à se préparer mentalement aux défis et aux adversités potentiels, à envisager les pires scénarios et à réfléchir à la manière dont nous pourrions y répondre avec grâce et vertu. En affrontant nos peurs et nos angoisses dans notre esprit, nous pouvons développer un

sentiment de préparation et de force intérieure, ce qui nous permet d'affronter les situations difficiles avec une plus grande résilience.

Une autre technique stoïcienne de pleine conscience consiste à contempler un sage, une personne sage et vertueuse. En réfléchissant aux qualités et aux vertus d'une telle personne, nous pouvons acquérir des connaissances précieuses pour cultiver la sagesse, le courage et la modération dans notre propre vie. Cette pratique peut servir de source d'inspiration et de guide, nous aidant à naviguer dans les complexités de la vie avec plus de clarté et d'objectif.

Les techniques stoïciennes de pleine conscience soulignent également l'importance de prêter attention au moment présent. Il s'agit d'être conscient de nos pensées et de nos émotions sans s'y attacher ou s'y identifier de manière excessive. En développant un sens du détachement et de l'observation, nous pouvons faire l'expérience d'une plus grande paix intérieure et d'une plus grande tranquillité, même face à l'adversité. Cette pratique s'aligne sur le principe stoïcien de l'"apatheia", ou équanimité émotionnelle, qui nous encourage à cultiver un état de sérénité et d'équilibre de l'esprit.

En outre, l'examen de conscience joue un rôle central dans les techniques stoïciennes de pleine conscience. Il s'agit de réfléchir honnêtement à nos pensées, à nos actions et à nos motivations afin de cultiver la conscience de soi et le développement personnel. En nous engageant dans cette pratique, nous pouvons découvrir des schémas et des motivations inconscients, ce qui nous permet de faire des choix plus conscients et intentionnels dans notre vie.

Enfin, les techniques stoïciennes de pleine conscience nous encouragent à adopter le concept d'"amor fati", ou amour du destin. Cette pratique consiste à accepter les événements et les circonstances qui surviennent dans notre vie, qu'ils soient perçus comme positifs ou négatifs. En adoptant un état d'esprit d'acceptation et de gratitude pour le moment présent, nous pouvons trouver un sentiment de paix et de satisfaction, même au milieu de l'adversité.

En intégrant ces techniques stoïciennes de pleine conscience dans notre vie quotidienne, nous pouvons développer un plus grand sens de la résilience émotionnelle, de la paix intérieure et de la clarté. Ces pratiques offrent des outils précieux pour relever les défis de la vie avec grâce et sagesse, ce qui nous permet de cultiver un sens profond de la conscience de soi et de la force intérieure. En fin de compte, l'intégration des techniques stoïciennes de pleine conscience peut conduire à un mode de vie plus épanouissant et plus conscient, ancré dans la sagesse intemporelle du stoïcisme.

MISE EN PRATIQUE

(1) Pratiquer la préméditation des maux. Exemple : Avant un entretien d'embauche, imaginez les pires scénarios, comme le fait de trébucher sur les mots ou de ne pas bien répondre aux questions.

Préparez-vous mentalement à réagir avec grâce et résilience si ces difficultés se présentent.

(2) Réfléchissez aux qualités et aux vertus d'une personne sage et vertueuse. Exemple : Face à une décision difficile, demandez-vous comment un sage stoïcien aborderait la situation. Considérez leur sagesse, leur courage et leur tempérance et utilisez ces connaissances pour naviguer dans les complexités de la vie avec plus de clarté et d'objectif.

(3) Cultiver l'attention au moment présent. Exemple : Lors d'une situation stressante, entraînez-vous à être conscient de vos pensées et de vos émotions sans vous y attacher. Observez avec détachement et concentrez-vous sur le moment présent, pour trouver la paix intérieure et la tranquillité, même dans l'adversité.

(4) Se livrer à un examen de conscience. Exemple : Prenez le temps de réfléchir à vos pensées, vos actions et vos motivations avec honnêteté et introspection. En prenant conscience de soi, on peut découvrir des schémas et des motivations inconscients, ce qui permet de faire des choix plus conscients et intentionnels dans sa vie.

(5) Adopter le concept d'amor fati (amour du destin). Exemple : Au lieu de résister aux événements et aux circonstances de votre vie, pratiquez l'acceptation et l'accueil. Qu'ils soient perçus comme positifs ou négatifs, cultivez un état d'esprit de gratitude et d'acceptation, en trouvant la paix et le contentement dans le moment présent.

5.4. Cultiver la résilience émotionnelle

Cultiver la résilience émotionnelle est un élément essentiel de l'intégration des principes stoïciens et du travail de l'ombre dans notre vie quotidienne. La résilience émotionnelle nous permet de faire face aux inévitables défis et difficultés avec une force intérieure et du sang-froid. Elle nous permet de rebondir dans les situations difficiles, de faire face à nos propres émotions avec courage et de maintenir un sentiment de stabilité au milieu du chaos.

Un aspect essentiel du développement de la résilience émotionnelle est la pratique de la pleine conscience. En pratiquant des exercices de pleine conscience, nous apprenons à observer nos pensées et nos émotions sans porter de jugement. Cela crée un espace entre nos sentiments et nos réactions, ce qui nous permet de réagir aux situations avec plus de clarté et de sagesse. Dans le contexte du stoïcisme, la pleine conscience nous aide à cultiver un état d'esprit stoïque, à trouver la paix intérieure et à développer une résilience émotionnelle face à l'adversité.

L'acceptation des émotions de l'ombre est également un aspect important de la pratique de la résilience émotionnelle. Le travail sur l'ombre nous encourage à explorer les aspects les plus sombres de notre psyché, y compris les sentiments de colère, de peur et d'insécurité. En reconnaissant ces émotions, nous pouvons les intégrer à notre conscience et les surmonter de manière saine et productive. Le fait d'accueillir en toute conscience les émotions de l'ombre nous permet de mieux nous comprendre et de développer notre résilience émotionnelle.

En outre, le développement de la résilience émotionnelle implique de transformer la douleur en croissance. Les adversités et les défis sont inévitables dans la vie, mais c'est la façon dont nous y réagissons qui façonne notre caractère. Les techniques stoïciennes de résilience nous fournissent des outils précieux pour recadrer nos perspectives et transformer les épreuves en opportunités de développement personnel. En adoptant un état d'esprit stoïque, nous pouvons transformer notre souffrance en un catalyseur de croissance et de résilience.

Le développement de la résistance mentale et émotionnelle est un autre aspect crucial de la culture de la résilience émotionnelle. Il s'agit de développer une force intérieure et une force morale qui nous permettent d'affronter les difficultés de la vie avec courage et détermination. Les pratiques stoïciennes, telles que la visualisation négative et la premeditatio malorum, nous permettent de nous préparer mentalement et émotionnellement aux défis potentiels, améliorant ainsi notre résilience face à l'adversité.

Enfin, l'acceptation des aspects obscurs de la résilience est une partie essentielle du processus d'intégration. Notre ombre contient des forces cachées et des ressources inexploitées qui peuvent contribuer à notre résilience émotionnelle. En reconnaissant et en intégrant ces aspects de l'ombre, nous pouvons découvrir des réservoirs cachés de résilience qui nous soutiennent dans les moments difficiles.

Cultiver la résilience émotionnelle en intégrant le stoïcisme et le travail de l'ombre est un voyage transformateur qui nous permet de relever les défis de la vie avec grâce et force d'âme. En pratiquant la pleine conscience, en accueillant nos émotions de l'ombre, en transformant la douleur en croissance et en développant la résistance mentale et émotionnelle, nous développons la résilience nécessaire pour faire face à l'adversité avec courage et résilience. En fin de compte, cultiver la résilience émotionnelle est un chemin profond et stimulant, qui mène à l'épanouissement personnel et à la force intérieure.

MISE EN PRATIQUE

(1) Pratiquer la pleine conscience pour développer la résilience émotionnelle. Exemple : Prenez 10 minutes chaque matin pour vous asseoir tranquillement et observer vos pensées et vos émotions sans porter de jugement. Cela permet de créer un espace entre vos sentiments et vos réactions, ce qui vous permet de réagir aux situations difficiles avec clarté et sagesse.

(2) Accueillir les émotions de l'ombre pour une meilleure connaissance de soi et une plus grande résilience. Exemple : Lorsque vous ressentez de la colère ou de la peur, au lieu de repousser ces émotions, prenez le temps de les reconnaître et de les explorer. Tenez un journal sur ces émotions, leurs déclencheurs et les croyances ou expériences sous-jacentes qui peuvent y contribuer. Ce processus aide à intégrer ces émotions dans votre conscience, ce qui vous permet de les surmonter d'une manière saine et productive.

(3) Recadrer les perspectives et considérer les défis comme des opportunités de développement personnel. Exemple : Lorsque vous

êtes confronté à une situation difficile, choisissez consciemment de la considérer comme une opportunité de croissance et d'apprentissage. Posez-vous la question suivante : "Que puis-je apprendre de cette expérience ? Comment puis-je l'utiliser pour devenir une meilleure version de moi-même ?" Ce changement de perspective permet de transformer la douleur en motivation et en résilience.

(4) Développer la résistance mentale et émotionnelle par des pratiques stoïques. Exemple : Pratiquez la visualisation négative en imaginant les pires scénarios et en vous préparant mentalement à les affronter. Pratiquer la premeditatio malorum, c'est-à-dire visualiser les défis et les échecs potentiels avant qu'ils ne se produisent, et planifier la manière dont vous y répondrez. Vous renforcerez ainsi votre résistance mentale et émotionnelle, ce qui vous permettra d'affronter l'adversité avec courage et détermination.

(5) Embrasser et intégrer les aspects obscurs de la résilience. Exemple : Prenez le temps de réfléchir à vos forces cachées et à vos ressources inexploitées. Identifiez les qualités ou les capacités que vous avez peut-être négligées ou rejetées dans le passé. Acceptez ces aspects cachés et reconnaissez-les comme des outils précieux pour renforcer votre résilience face à l'adversité.

5.5. ACCUEILLIR LES ÉMOTIONS DE L'OMBRE EN TOUTE SÉRÉNITÉ

Lorsqu'il s'agit d'intégrer le stoïcisme et le travail de l'ombre, l'un des éléments clés est d'apprendre à accueillir en toute conscience les émotions de l'ombre. Les émotions de l'ombre sont celles que nous essayons souvent de repousser, d'ignorer ou même de nier parce qu'elles nous mettent mal à l'aise ou nous rendent vulnérables. Pourtant, ces émotions recèlent des informations précieuses sur notre monde intérieur et peuvent être des catalyseurs de croissance personnelle lorsqu'elles sont abordées en pleine conscience.

Accueillir les émotions de l'ombre en toute conscience signifie reconnaître et affronter ces émotions sans jugement ni résistance. Cela implique de créer un espace en soi pour accueillir ces émotions, d'explorer leurs origines et de comprendre les messages qu'elles véhiculent. Ce processus exige une profonde connaissance de soi, du courage et de la compassion envers soi-même. Au lieu d'essayer de fuir ou d'endormir ces émotions, il s'agit d'apprendre à s'asseoir avec l'inconfort et l'incertitude.

La méditation de pleine conscience est un moyen de s'entraîner à accueillir les émotions de l'ombre en toute conscience. En portant notre attention sur le moment présent et en observant nos émotions sans nous y laisser prendre, nous pouvons développer un sentiment de détachement et de non-réactivité. Cela nous permet de voir les émotions pour ce qu'elles sont vraiment : des sensations passagères dans notre corps et des pensées fugaces dans notre esprit. En observant ces émotions sans porter de jugement, nous pouvons cultiver une relation plus compatissante et plus acceptable avec elles.

Un autre aspect de l'accueil attentif des émotions de l'ombre consiste à explorer les croyances et les traumatismes sous-jacents qui contribuent à ces émotions. Pour ce faire, il faut être prêt à s'engager dans une réflexion sur soi et à plonger dans les profondeurs de notre moi intérieur. En éclairant les ombres de notre psyché, nous pouvons découvrir les causes profondes de nos schémas émotionnels et commencer à guérir les blessures enfouies en nous. Ce processus peut être difficile et inconfortable, mais il est nécessaire pour une transformation et une intégration réelles.

En outre, accueillir les émotions de l'ombre en toute conscience implique également de pratiquer l'autocompassion. Il est important de reconnaître que ces émotions font naturellement partie de l'expérience humaine et qu'elles ne nous définissent pas. En faisant preuve de gentillesse, de compréhension et de soutien dans les moments de lutte émotionnelle, nous pouvons créer un espace sûr pour permettre à ces émotions de se manifester et d'être traitées.

Un exemple d'accueil attentif des émotions de l'ombre pourrait être la honte ou le sentiment d'indignité. Au lieu de repousser ces émotions ou de s'empêtrer dans des pensées autocritiques, nous pouvons adopter une approche attentive. Nous pouvons faire une pause et remarquer les sensations de notre corps, les pensées de notre esprit et les croyances sous-jacentes qui peuvent alimenter ces émotions. Grâce à ce processus, nous pouvons commencer à démêler les complexités de notre monde intérieur et développer une relation plus compatissante et plus autonome avec nous-mêmes.

L'acceptation en toute conscience des émotions de l'ombre est une partie cruciale du voyage vers l'intégration et la découverte de soi. En abordant ces émotions par la pleine conscience, la compassion et la volonté d'explorer leurs profondeurs, nous pouvons libérer le pouvoir de transformation qui réside dans nos ombres. Ce processus nous permet d'embrasser le spectre complet de nos expériences émotionnelles et de cultiver un sentiment plus profond de plénitude et d'authenticité dans notre vie.

MISE EN PRATIQUE

(1) Pratiquez la méditation de pleine conscience pour cultiver le détachement et la non-réactivité à l'égard des émotions de l'ombre. Exemple : Prenez 10 minutes par jour pour vous asseoir dans un espace calme et vous concentrer sur votre respiration. Lorsque des émotions surgissent, observez-les sans jugement ni attachement, en les laissant aller et venir comme des sensations passagères. Cette pratique permet de développer un sentiment de détachement et de non-réactivité à l'égard des émotions cachées.

(2) Se livrer à l'autoréflexion et au travail intérieur pour explorer les croyances et les traumatismes sous-jacents qui contribuent aux émotions de l'ombre. Exemple : Consacrez du temps chaque semaine à la tenue d'un journal et à la réflexion sur vos émotions et sur les schémas ou déclencheurs récurrents. Plongez dans la compréhension des croyances et des traumatismes sous-jacents qui peuvent influencer ces émotions. Demandez le soutien d'un thérapeute ou d'un coach si nécessaire pour faciliter ce processus.

(3) Cultiver l'autocompassion dans les moments de lutte émotionnelle en faisant preuve de gentillesse, de compréhension et de soutien à l'égard de soi-même. Exemple : Lorsque vous êtes confronté à des sentiments de honte ou d'indignité, rappelez-vous que ces émotions font naturellement partie de l'expérience humaine

et qu'elles ne définissent pas votre valeur. Pratiquez l'autocompassion en vous parlant gentiment, en vous encourageant et en vous comprenant. Traitez-vous avec la même compassion et le même soutien que vous apporteriez à un être cher.

(4) Créez un espace sûr pour que les émotions de l'ombre puissent surgir et être traitées sans jugement ni résistance. Exemple : Désignez un endroit spécifique de votre maison comme un "espace sûr" où vous pouvez vous retirer lorsque vous ressentez des émotions intenses. Remplissez cet espace d'objets réconfortants, tels que des bougies, des couvertures ou de la musique apaisante. Lorsque vous vous sentez dépassé, rendez-vous dans cet espace pour permettre à vos émotions de surgir et d'être traitées sans jugement ni résistance.

(5) Acceptez l'inconfort et l'incertitude en apprenant à vous asseoir avec les émotions cachées au lieu d'essayer de les fuir ou de les engourdir. Exemple : Lorsque vous êtes confronté à des émotions difficiles, résistez à l'envie de vous distraire ou d'endormir l'inconfort. Entraînez-vous plutôt à vous asseoir avec ces émotions et à leur permettre d'être présentes sans chercher à les soulager immédiatement. Rappelez-vous que l'inconfort et l'incertitude sont des éléments naturels de la croissance et de la transformation personnelles.

6. Construire la résilience : Faire face à l'adversité avec une sagesse stoïcienne

6.1. Comprendre la nature des défis

La vie nous confronte à divers défis, petits et grands, qui mettent à l'épreuve notre force et notre résistance. Lorsqu'il s'agit de comprendre l'essence des défis, le stoïcisme fournit des informations inestimables qui peuvent nous aider à traverser les périodes difficiles avec grâce et sagesse.

L'un des principes fondamentaux du stoïcisme consiste à reconnaître ce qui est sous notre contrôle et ce qui ne l'est pas. Cette compréhension devient particulièrement pertinente lorsque nous sommes confrontés à des défis, car elle nous rappelle de diriger notre énergie vers des choses que nous pouvons réellement influencer. En considérant les défis à travers une lentille stoïcienne, nous pouvons

apprendre à accepter les obstacles inévitables qui se présentent à nous, plutôt que d'y résister ou de lutter contre eux.

En outre, le stoïcisme nous incite à percevoir les défis comme des opportunités de développement personnel et d'amélioration de soi. Au lieu de se sentir accablé par l'adversité, la philosophie stoïcienne nous apprend à aborder les défis avec détermination et résilience. En recadrant notre perspective sur les défis, nous pouvons les considérer comme des occasions de nourrir nos vertus, de cultiver notre force émotionnelle et d'approfondir notre conscience de soi.

De plus, comprendre l'essence des défis implique de reconnaître l'impermanence de ces luttes. Le stoïcisme nous rappelle que toutes les choses sont éphémères, y compris nos difficultés. Cette perspective nous donne un sentiment de recul et de réconfort, sachant que même les défis les plus éprouvants finiront par passer.

La visualisation négative est une technique pratique d'origine stoïcienne qui permet de comprendre l'essence des défis. Cet exercice consiste à envisager le pire scénario d'une situation, ce qui peut sembler contre-intuitif au premier abord. Cependant, en envisageant les défis et les difficultés potentiels auxquels nous pouvons être confrontés, nous pouvons nous préparer mentalement et développer notre résilience face à l'adversité. Cette pratique nous aide non seulement à affronter nos peurs, mais elle favorise également la gratitude pour le moment présent, car nous réalisons que les choses pourraient être bien pires.

Outre la philosophie stoïcienne, le travail de l'ombre joue également un rôle essentiel dans la compréhension de l'essence des défis. En plongeant dans nos zones d'ombre, nous pouvons découvrir des peurs profondes, des insécurités et des schémas négatifs qui peuvent contribuer à notre perception et à notre approche des défis. Le travail de l'ombre nous pousse à examiner comment les expériences passées et les émotions enfouies influencent notre réponse aux obstacles, ce qui nous permet de mieux comprendre nos réactions et notre comportement.

En combinant la sagesse du stoïcisme et la pratique introspective du travail de l'ombre, nous pouvons parvenir à une compréhension globale de l'essence des défis. Accepter la nature inévitable de l'adversité, considérer les défis comme des opportunités de croissance, reconnaître leur impermanence et explorer les aspects cachés de notre psyché, tout cela contribue à une approche équilibrée et résiliente des obstacles de la vie.

Comprendre l'essence des défis à travers le prisme du stoïcisme et du travail de l'ombre nous donne les outils pour affronter les difficultés avec courage, acceptation et conscience de soi. Cela nous permet de cultiver un état d'esprit à la fois résilient et compatissant, nous permettant de traverser les épreuves inévitables de la vie avec grâce et force d'âme.

MISE EN PRATIQUE

(1) Faites la distinction entre ce qui est sous votre contrôle et ce qui ne l'est pas. Il s'agit de reconnaître les aspects d'un défi sur lesquels vous pouvez avoir une influence et de réorienter votre énergie vers ces domaines. Exemple : Face à un projet de travail difficile, concentrez-vous sur vos propres efforts et votre attitude plutôt que de stresser sur des facteurs hors de votre contrôle, tels que les réactions des autres.

(2) Considérez les défis comme des opportunités de croissance et d'amélioration de soi. Au lieu de vous laisser submerger par l'adversité, considérez-la comme une chance de développer vos vertus, votre force émotionnelle et votre compréhension de vous-même. Exemple : Lorsque vous traversez une rupture, considérez-la comme une occasion d'en apprendre davantage sur vous-même, sur vos besoins et sur ce que vous appréciez dans une relation.

(3) Acceptez l'impermanence des défis. Comprenez que toutes les difficultés et les luttes sont temporaires et qu'elles finiront par disparaître. Cette perspective permet de prendre du recul et de se réconforter en sachant que les périodes difficiles ne sont pas permanentes. Exemple : Lorsque vous êtes confronté à un problème de santé, rappelez-vous qu'il ne s'agit que d'un revers temporaire et concentrez-vous sur les mesures à prendre pour vous rétablir et vous sentir mieux.

(4) Pratiquer la visualisation négative. Contemplez le pire scénario d'une situation afin de vous préparer mentalement et de développer votre résilience face à l'adversité. Cet exercice permet d'affronter les peurs et de cultiver la gratitude pour le moment présent. Exemple : Avant un entretien d'embauche difficile, imaginez le pire résultat possible, par exemple ne pas obtenir le poste. Cet exercice peut vous

aider à vous préparer mentalement à d'éventuels revers et à minimiser votre anxiété.

(5) Faites le travail de l'ombre. Explorez vos peurs cachées, vos insécurités et vos schémas négatifs qui peuvent contribuer à la façon dont vous abordez et percevez les défis. En examinant vos expériences passées et vos émotions enfouies, vous pouvez mieux comprendre vos réactions et votre comportement. Exemple : Par l'introspection, découvrez et traitez tout traumatisme ou toute insécurité non résolus qui pourraient entraver votre capacité à faire face aux défis de manière efficace.

(6) Combinez le stoïcisme et le travail de l'ombre pour développer une compréhension globale des défis. En acceptant la nature inévitable de l'adversité, en considérant les défis comme des opportunités de croissance, en reconnaissant leur impermanence et en fouillant dans vos zones d'ombre, vous pouvez cultiver une approche équilibrée et résiliente des obstacles de la vie. Exemple : Lorsque vous êtes confronté à un changement majeur dans votre vie, tel qu'un déménagement dans une nouvelle ville, utilisez les principes stoïciens pour accepter et vous adapter aux défis, tout en vous engageant dans le travail de l'ombre pour examiner les peurs sous-jacentes ou la résistance au changement.

6.2. TECHNIQUES STOÏCIENNES DE RÉSILIENCE

Les stoïciens ont toujours été admirés pour leur capacité à affronter l'adversité avec résilience et force d'âme. Dans cette section, nous allons explorer quelques techniques stoïques qui peuvent vous aider à développer votre résilience face aux défis de la vie.

L'une des techniques stoïciennes efficaces pour la résilience est la pratique de la visualisation négative. Il s'agit d'imaginer les pires scénarios qui pourraient survenir dans votre vie et de vous préparer mentalement à les affronter. En reconnaissant et en acceptant la possibilité d'événements difficiles et douloureux, vous pouvez développer un sentiment de résilience mentale et émotionnelle qui vous permettra de relever ces défis avec plus de facilité. En reconnaissant les aspects moins souhaitables de la vie et en vous préparant à y faire face, vous pouvez cultiver un sentiment plus fort de force intérieure et de stabilité.

Une autre technique stoïcienne précieuse pour la résilience est le concept de transformation des obstacles en opportunités. Les stoïciens pensaient que chaque défi est une occasion de grandir et d'apprendre. Ce changement d'état d'esprit peut vous aider à envisager les situations difficiles sous un angle plus positif, ce qui vous permet de les aborder avec résilience et détermination. En acceptant les aspects défavorables de la vie et en les considérant comme des opportunités de développement personnel, vous pouvez développer la résilience nécessaire pour rebondir plus facilement dans l'adversité.

Les stoïciens ont également souligné l'importance de maintenir la tranquillité intérieure et l'équanimité face à l'adversité. Cela implique de pratiquer des techniques telles que la pleine conscience et la méditation pour cultiver un sentiment de paix intérieure et de résilience émotionnelle. En apprenant à observer ses pensées et ses émotions sans les juger, on peut développer un sentiment de résilience plus fort face aux défis de la vie. En reconnaissant et en acceptant les émotions de l'ombre, en les laissant vous traverser sans vous laisser submerger, vous pouvez acquérir la capacité d'affronter l'adversité avec un esprit calme et serein.

En outre, les stoïciens soulignaient l'importance de garder le sens de la mesure face à l'adversité. Cela implique de prendre du recul par rapport à la situation immédiate et d'adopter une vision plus large des défis auxquels vous êtes confronté. En reconnaissant que la vie est faite de hauts et de bas et qu'aucun défi n'est insurmontable, vous pouvez développer un plus grand sens de la résilience qui vous permet d'affronter l'adversité avec courage et détermination. En reconnaissant et en mettant en perspective les aspects défavorables de la vie, vous pouvez développer la résilience nécessaire pour relever les défis de la vie avec plus de facilité.

Enfin, les stoïciens soulignaient l'importance de cultiver un sentiment d'autonomie face à l'adversité. Il s'agit de reconnaître que l'on possède en soi la force et les ressources nécessaires pour relever les défis de la vie. En cultivant le sens de l'autonomie et de la force intérieure, vous pouvez développer un plus grand sens de la résilience qui vous permet d'affronter l'adversité avec confiance et détermination. En reconnaissant et en acceptant les aspects moins désirables de vous-même comme faisant partie de votre force intérieure, vous pouvez développer la résilience nécessaire pour affronter les défis de la vie avec plus d'aisance.

En pratiquant ces techniques stoïques de résilience, vous pouvez cultiver un sentiment de force intérieure et de stabilité qui vous permettra d'affronter les défis de la vie avec plus de facilité et de détermination. L'intégration du travail de l'ombre et des principes stoïciens peut vous aider à développer la résilience nécessaire pour surmonter l'adversité et vous épanouir face aux défis de la vie.

MISE EN PRATIQUE

(1) Pratiquer la visualisation négative Exemple : Prenez quelques instants chaque jour pour imaginer les pires scénarios qui pourraient se produire dans votre vie. Visualisez-les en détail et imaginez-vous en train de les affronter avec résilience et force d'âme. Cet exercice vous aidera à vous préparer mentalement à des situations difficiles et à développer votre résilience émotionnelle.

(2) Considérer les défis comme des opportunités de croissance Exemple : Chaque fois que vous rencontrez une situation difficile, rappelez-vous consciemment qu'il s'agit d'une opportunité de croissance et d'apprentissage. Au lieu de la considérer comme un échec, abordez-la avec un état d'esprit positif et recherchez les leçons et les opportunités qu'elle présente. Ce changement de perspective vous aidera à développer votre résilience et votre détermination face à l'adversité.

(3) Pratiquer la pleine conscience et la méditation pour une paix intérieure et une résistance émotionnelle Exemple : Réservez quelques minutes par jour à la pratique de la pleine conscience ou de

la méditation. Pendant ce temps, concentrez-vous sur l'observation de vos pensées et de vos émotions sans porter de jugement. Laissez passer les émotions ou les pensées négatives sans vous laisser submerger. En pratiquant régulièrement, vous développerez un plus grand sentiment de calme et de résilience émotionnelle, ce qui vous aidera à faire face aux défis de la vie avec aisance.

(4) Garder le sens des proportions face à l'adversité Exemple : Lorsque vous êtes confronté à une situation difficile, prenez du recul et rappelez-vous qu'il ne s'agit que d'une partie du parcours de votre vie. Réfléchissez aux hauts et aux bas que vous avez déjà connus et à la résilience dont vous avez fait preuve dans le passé. En mettant le défi actuel en perspective, vous développerez le courage et la détermination nécessaires pour le surmonter avec aisance.

(5) Cultiver l'autonomie et la force intérieure Exemple : Reconnaissez que vous avez en vous la force et les ressources nécessaires pour relever tous les défis qui se présentent à vous. Ayez confiance en vos capacités et développez un sentiment d'autonomie. Accueillez tous les aspects de vous-même, y compris les aspects obscurs, car ils contribuent à votre force intérieure. En cultivant votre confiance en vous, vous développerez votre résilience et surmonterez l'adversité en toute confiance.

En intégrant les enseignements pratiques de la philosophie stoïcienne, vous avez la possibilité de transformer des idées abstraites en actions concrètes qui vous aideront à développer votre résilience et à vous épanouir face aux obstacles de la vie.

6.3. TRANSFORMER LA DOULEUR EN CROISSANCE

Dans le voyage du stoïcisme et de l'exploration de notre moi intérieur, l'un des aspects les plus cruciaux est la capacité à transformer la douleur en croissance personnelle. La douleur fait inévitablement partie de la vie et provient souvent de diverses sources telles que la perte, l'échec ou l'adversité. Cependant, la manière dont nous choisissons de réagir à cette douleur peut faire toute la différence dans notre cheminement vers l'amélioration de soi.

Faire face à la douleur suscite naturellement une série d'émotions telles que la tristesse, la colère ou même le désespoir. Cependant, le stoïcisme nous enseigne l'importance de reconnaître ces émotions tout en reconnaissant notre pouvoir de les transformer en opportunités de croissance. Il s'agit de comprendre que la douleur n'est pas la fin du chemin, mais plutôt un tremplin vers l'évolution personnelle.

L'une des techniques les plus puissantes du stoïcisme pour transformer la douleur en croissance personnelle est la pratique de l'"amor fati" ou l'amour du destin. Ce concept nous encourage à accepter notre destin, quel que soit le défi qu'il représente, et à l'utiliser comme une occasion d'apprendre et de grandir. En acceptant et même en aimant les défis qui se présentent à nous, nous  pouvons recadrer notre perspective sur la douleur et la considérer comme un catalyseur de développement personnel.

En outre, le travail de l'ombre joue également un rôle crucial dans ce processus de transformation. En plongeant dans les profondeurs de notre ombre et en nous attaquant aux causes profondes de notre douleur, nous pouvons découvrir des idées précieuses qui peuvent conduire à un profond développement personnel. Lorsque nous confrontons et intégrons nos zones d'ombre, nous pouvons trouver un sens à notre souffrance et l'utiliser comme catalyseur pour un changement positif.

Face à la douleur, il est essentiel de cultiver la résilience, tant sur le plan mental qu'émotionnel. Il s'agit de développer la force intérieure nécessaire pour affronter la douleur et la détermination à persévérer dans l'adversité. Le stoïcisme fournit des outils et des principes précieux pour développer la résilience, notamment en pratiquant la dichotomie du contrôle et en se concentrant sur ce qu'il est en notre pouvoir de changer. En adoptant l'état d'esprit stoïcien de la résilience, nous pouvons traverser la douleur avec courage et force d'âme.

En outre, transformer la douleur en croissance nécessite un changement de perspective. Au lieu de considérer la douleur comme une expérience purement négative, le stoïcisme nous encourage à la recadrer comme une opportunité de croissance et de découverte de soi. En cultivant un état d'esprit de croissance et en apprenant de notre douleur, nous pouvons trouver un nouveau sens et un nouveau but à nos expériences, ce qui conduit en fin de compte à une transformation personnelle.

Enfin, l'intégration des aspects obscurs de la douleur est vitale dans le processus de transformation. En reconnaissant et en travaillant sur les couches profondes et cachées de notre douleur, nous pouvons découvrir des leçons et des idées précieuses qui contribuent à notre croissance. Le travail sur l'ombre nous permet d'embrasser l'ensemble de nos expériences, y compris celles qui sont douloureuses, et de les intégrer dans notre cheminement vers l'évolution personnelle.

La transformation de la douleur en croissance personnelle est un aspect fondamental du stoïcisme et de l'autoréflexion. En considérant la douleur comme une opportunité de croissance, en cultivant la résilience, en changeant de perspective et en intégrant nos zones d'ombre, nous pouvons transformer nos expériences les plus difficiles en catalyseurs de développement personnel. En fin de compte, ce processus nous permet non seulement de surmonter notre douleur, mais aussi d'émerger en tant qu'individus plus forts, plus sages et plus résilients.

MISE EN PRATIQUE

(1) Pratiquez le concept d'"amor fati" ou l'amour du destin pour accepter les circonstances difficiles et en tirer des enseignements. Exemple : Lorsque vous êtes confronté à une situation difficile, telle qu'une perte d'emploi, exercez-vous à la considérer comme une opportunité de développement personnel. Réfléchissez aux leçons apprises, aux compétences développées et à la résilience acquise en traversant cette période difficile. Servez-vous-en comme d'un catalyseur pour explorer de nouvelles voies professionnelles et saisir les opportunités qui correspondent à vos passions et à vos valeurs.

(2) Faites du travail dans l'ombre pour tirer des enseignements et des leçons de vos difficultés. Exemple : Prenez le temps d'explorer les causes profondes de votre douleur et de confronter les émotions ou les traumatismes cachés qui doivent être traités. Consultez un thérapeute ou un conseiller pour plonger plus profondément dans vos zones d'ombre et les intégrer dans votre parcours de développement personnel. Ce faisant, vous pouvez acquérir une meilleure compréhension de vous-même, guérir les blessures du passé et créer une base solide pour votre développement personnel.

(3) Cultiver la résilience en développant la force intérieure nécessaire pour faire face à l'adversité et persévérer. Exemple : Lorsque vous êtes confronté à un revers ou à une situation difficile, entraînez-vous à garder un état d'esprit stoïque et à vous concentrer sur ce que vous pouvez contrôler. Au lieu de vous laisser submerger par la douleur, concentrez-vous sur les actions que vous pouvez entreprendre pour surmonter les obstacles. Développez une pratique quotidienne de la résilience, telle que la pleine conscience ou la tenue d'un journal, pour renforcer votre force mentale et émotionnelle, ce qui vous permettra de surmonter la douleur avec courage et détermination.

(4) Recadrer la douleur comme une opportunité de croissance et de découverte de soi. Exemple : Au lieu de considérer la douleur comme une expérience purement négative, choisissez consciemment de la voir comme une chance d'apprendre et d'évoluer. Réfléchissez aux leçons et aux connaissances précieuses que vous pouvez tirer de chaque expérience douloureuse. Utilisez les connaissances et la conscience de soi ainsi acquises pour guider vos décisions et actions futures, ce qui se traduira par une transformation et un épanouissement personnels.

(5) Intégrez les aspects obscurs de la douleur dans votre parcours de développement personnel. Exemple : Accueillez et explorez les couches profondes de votre douleur, en reconnaissant et en abordant les aspects cachés de vous-même qui contribuent à la douleur. Engagez-vous dans des pratiques telles que la tenue d'un journal, la thérapie ou l'autoréflexion pour mettre en lumière ces aspects cachés et les intégrer dans votre processus de développement. En acceptant et en intégrant l'ensemble de vos expériences, y compris celles qui

sont douloureuses, vous pouvez parvenir à une transformation personnelle holistique et à une meilleure compréhension de vous-même.

6.4. RENFORCER LA RÉSISTANCE MENTALE ET ÉMOTIONNELLE

Le développement de la résistance mentale et émotionnelle est un aspect crucial du stoïcisme et du travail de l'ombre. Il s'agit de développer la résilience et la force nécessaires pour faire face aux défis de la vie avec un état d'esprit calme et inébranlable. Pour cultiver cette résistance, nous devons d'abord comprendre la nature des défis. Il est important de reconnaître que l'adversité est une partie inévitable de la vie et que nous avons la capacité de grandir et d'apprendre de ces expériences.

Les techniques stoïciennes de résilience sont particulièrement utiles à cet égard. L'une de ces techniques, connue sous le nom de visualisation négative, nous permet de nous préparer mentalement à des épreuves potentielles, réduisant ainsi l'impact des difficultés inattendues. En envisageant les pires scénarios, nous pouvons cultiver un sentiment d'équanimité et de force, et finalement devenir plus résilients face à l'adversité.

En outre, la transformation de la douleur en croissance est un élément clé du développement de la résistance mentale et émotionnelle. Le stoïcisme nous apprend à considérer les défis comme des opportunités de développement personnel, plutôt que comme des obstacles insurmontables. En adoptant cet état d'esprit, nous pouvons changer notre perspective et trouver un sens à nos luttes, pour finalement en ressortir plus forts et plus résilients.

L'acceptation des aspects sombres de la résilience est également un élément important du développement de la résistance mentale et émotionnelle. Il s'agit de reconnaître et d'intégrer les émotions plus sombres et plus difficiles qui surgissent dans les moments difficiles. Au lieu de supprimer ou de nier ces sentiments, nous devons les affronter de front, en reconnaissant qu'ils font partie intégrante de l'expérience humaine. En acceptant et en explorant ces émotions sombres, nous pouvons développer une meilleure compréhension de nous-mêmes et cultiver une plus grande résilience émotionnelle.

En outre, faire face à l'adversité avec une sagesse stoïque est un aspect fondamental du développement de la résistance mentale et émotionnelle. Il s'agit d'aborder les défis avec calme et rationalité, plutôt que de se laisser submerger par des émotions intenses. En pratiquant la discipline stoïcienne de l'assentiment, nous pouvons apprendre à répondre aux difficultés avec équanimité, en choisissant nos réactions de manière réfléchie au lieu de succomber à des réponses émotionnelles impulsives ou excessives.

Enfin, le renforcement de la résistance mentale et émotionnelle passe par la reconnaissance des forces qui découlent de l'intégration des aspects sombres de la résilience. En reconnaissant et en acceptant les parties les plus sombres et les plus difficiles de nous-mêmes, nous pouvons développer un sens plus profond de la conscience de soi et de la force émotionnelle. Cette conscience de soi nous permet de reconnaître notre propre résilience et notre capacité de croissance, ce qui conduit finalement à une manière plus intégrée et plus résiliente de naviguer dans la vie.

En conclusion, le développement de la résistance mentale et émotionnelle est un processus multidimensionnel qui s'appuie sur la sagesse stoïcienne et l'intégration du travail de l'ombre. En comprenant la nature des défis, en employant des techniques stoïciennes de résilience, en transformant la douleur en croissance et en embrassant les aspects de la résilience liés à l'ombre, nous pouvons cultiver la force intérieure nécessaire pour faire face aux difficultés de la vie avec grâce et sang-froid. Ce processus conduit finalement à une manière plus résiliente, plus intégrée et plus autonome d'exister dans le monde.

MISE EN PRATIQUE

(1) Pratiquer la visualisation négative en envisageant les pires scénarios pour développer l'équanimité et la force d'âme face à l'adversité. Exemple : Lorsque vous êtes confronté à une situation difficile au travail, imaginez le pire résultat possible et préparez-vous mentalement à le gérer calmement et efficacement. Cela contribuera à réduire l'anxiété et à vous donner la résistance nécessaire pour relever les défis qui pourraient se présenter.

(2) Recadrer les défis comme des opportunités de développement personnel, en les considérant comme une chance de grandir et d'apprendre. Exemple : Au lieu de considérer l'échec d'un projet comme un revers, considérez-le comme une expérience d'apprentissage précieuse qui peut vous aider à améliorer vos compétences et votre approche pour vos projets futurs. Ce changement de perspective vous aidera à donner un sens à vos difficultés et à devenir plus résilient.

(3) Accepter et reconnaître les émotions plus sombres et plus difficiles qui surgissent dans les moments difficiles. Exemple : Plutôt que de réprimer ou de nier les sentiments de colère ou de tristesse, autorisez-vous à les ressentir pleinement et à les exprimer d'une manière saine et constructive. Cette honnêteté émotionnelle contribuera à votre résilience émotionnelle et à votre conscience de soi.

(4) Aborder les défis avec calme et rationalité, en pratiquant la discipline stoïque de l'assentiment. Exemple : Lorsque vous êtes confronté à un revers ou à une déception soudaine, prenez le temps de vous arrêter, de réfléchir et de répondre de manière réfléchie au lieu de réagir de manière impulsive. Cette pratique vous aidera à garder votre sang-froid et à prendre de meilleures décisions dans l'adversité.

(5) Reconnaître et intégrer les aspects obscurs de la résilience, en acceptant les parties les plus sombres et les plus difficiles de soi-même. Exemple : Au lieu de rejeter ou d'éviter vos défauts et vos faiblesses, affrontez-les directement et travaillez à votre amélioration. Ce processus d'acceptation de soi et de croissance renforcera votre force émotionnelle et votre résilience.

(6) Cultiver la conscience de soi en reconnaissant sa propre résilience et sa capacité de croissance. Exemple : Prenez le temps de réfléchir aux expériences passées au cours desquelles vous avez surmonté des difficultés et évolué. Cette réflexion renforcera votre confiance en vos propres capacités et vous fournira une base de force et de résilience pour les difficultés futures.

(7) Pratiquez l'intégration de la sagesse du stoïcisme et des principes du travail de l'ombre dans votre vie quotidienne. Exemple : Commencez à intégrer des pratiques stoïciennes telles que la tenue d'un journal, la méditation et l'autoréflexion dans votre routine. En outre, faites un effort conscient pour reconnaître et travailler avec vos zones d'ombre en suivant une thérapie ou en vous engageant dans des activités de développement personnel. Cet engagement actif envers ces philosophies renforcera votre résistance mentale et émotionnelle au fil du temps.

6.5. ACCEPTER LES ASPECTS OBSCURS DE LA RÉSILIENCE

Pour intégrer véritablement le stoïcisme et le travail de l'ombre dans votre vie, il est essentiel d'embrasser les aspects sombres de la résilience. Si la résilience est souvent associée à la force et à la capacité de rebondir face à l'adversité, il est tout aussi important de reconnaître et d'accepter les émotions et les expériences plus sombres et plus inconfortables qui contribuent à notre résilience.

L'une des façons d'embrasser ces aspects de l'ombre est d'affronter et de reconnaître les expériences et les émotions douloureuses qui ont façonné notre capacité de résilience. Au lieu de repousser ces sentiments de peur, de colère, de tristesse et de vulnérabilité ou d'essayer de minimiser leur impact, nous devrions nous permettre de nous asseoir avec eux. En reconnaissant et en acceptant ces émotions difficiles, nous comprenons mieux les sources de notre force et développons une relation plus authentique avec notre résilience.

Un autre aspect de l'acceptation de l'ombre consiste à reconnaître comment nos traumatismes et nos épreuves passés ont influencé nos réactions face aux défis actuels. En explorant les liens entre nos expériences passées et actuelles, nous pouvons mieux comprendre les croyances et les mécanismes d'adaptation sous-jacents qui déterminent notre capacité à faire face à l'adversité. Ce processus dévoile les sources cachées de notre résilience et nous permet de cultiver et de renforcer consciemment cette capacité pour l'avenir.

En outre, il est essentiel d'accepter que le voyage vers la résilience n'est pas toujours un chemin droit et sans embûches. Les revers, les échecs et les moments de doute sont des éléments naturels et inévitables de ce processus. Adopter la face cachée de la résilience, c'est reconnaître que ces moments de faiblesse et de vulnérabilité sont essentiels pour construire une résilience authentique et durable. Au lieu de les considérer comme des défauts ou des faiblesses, nous devrions les voir comme des opportunités de croissance et de découverte de soi.

En pratique, l'acceptation des aspects sombres de la résilience peut impliquer diverses pratiques visant à explorer et à intégrer nos émotions et expériences difficiles. La tenue d'un journal, la thérapie et l'engagement dans des activités créatives telles que l'art ou la musique peuvent tous être utiles pour traiter et donner un sens à nos aspects sombres. Ces pratiques nous permettent de développer une plus grande conscience de soi et un lien plus profond avec notre propre résilience.

Embrasser les aspects sombres de la résilience signifie reconnaître et honorer la complexité et la profondeur de notre paysage émotionnel. Ce faisant, nous cultivons une forme de résilience plus holistique et durable, fondée sur la conscience de soi, l'acceptation et une appréciation sincère de tout le spectre de l'expérience humaine. Cette intégration du travail de l'ombre dans notre résilience renforce non seulement notre capacité à faire face aux défis de la vie, mais enrichit également notre capacité à entrer en contact avec les autres et à les soutenir dans leur propre cheminement vers la résilience.

> **MISE EN PRATIQUE**

> (1) Confronter et reconnaître les expériences et les émotions douloureuses dans le cadre du processus d'acceptation des aspects obscurs de la résilience. Exemple : Prenez le temps de réfléchir à une expérience ou à une émotion douloureuse passée qui a contribué à votre résilience. Acceptez les sentiments de peur, de colère, de tristesse ou de vulnérabilité qui découlent de cette réflexion. Plutôt que d'essayer de repousser ces émotions, permettez-vous de les vivre pleinement et de les reconnaître. Cela peut vous aider à mieux comprendre votre propre résilience et la manière dont elle a été façonnée par ces expériences difficiles.
> (2) Explorez les liens entre les traumatismes passés et les expériences actuelles pour mieux comprendre les croyances et les mécanismes d'adaptation qui influencent votre capacité à faire face à l'adversité. Exemple : Prenez le temps de réfléchir à la manière dont un traumatisme ou une épreuve du passé peut influencer vos réactions actuelles face à des situations difficiles. Réfléchissez aux croyances et aux mécanismes d'adaptation qui se sont développés à la suite de ce traumatisme. En reconnaissant ces liens, vous pouvez comprendre comment votre résilience a été façonnée et travailler consciemment à la renforcer et à la cultiver.
> (3) Accepter les revers, les échecs et les moments de doute comme des éléments naturels et inévitables du processus de renforcement de la résilience. Exemple : Lorsque vous êtes confronté à un revers ou à un échec, au lieu de le considérer comme un défaut ou une faiblesse personnelle, voyez-le comme une opportunité de croissance et de découverte de soi. Acceptez les moments de faiblesse et de vulnérabilité qui accompagnent le processus de renforcement de la résilience. En acceptant ces moments comme normaux et nécessaires, vous pouvez en tirer des leçons et développer une forme de résilience plus forte et plus durable.
> (4) S'engager dans des pratiques telles que la tenue d'un journal, la thérapie ou la création artistique ou musicale afin d'explorer et d'intégrer les émotions et les expériences difficiles. Exemple : Commencez à tenir un journal dans lequel vous pouvez traiter et donner un sens à vos zones d'ombre. Réservez un moment chaque

jour ou chaque semaine pour écrire sur vos émotions et expériences difficiles. Vous pouvez également envisager de suivre des séances de thérapie ou d'explorer des moyens créatifs tels que l'art ou la musique. Ces pratiques peuvent vous aider à approfondir votre paysage émotionnel et à développer une plus grande conscience de soi et un lien avec votre résilience.

(5) Reconnaître et honorer la complexité et la profondeur de votre paysage émotionnel pour cultiver une forme holistique et durable de résilience. Exemple : Prenez le temps de réfléchir à l'ensemble des émotions et des expériences humaines qui contribuent à votre résilience. Plutôt que de supprimer ou de nier certaines émotions, accueillez leur complexité et honorez-les en tant qu'éléments essentiels de votre parcours. Ce faisant, vous pouvez cultiver une résilience fondée sur la connaissance de soi, l'acceptation et une véritable appréciation de la diversité des expériences humaines.

7. Cultiver la compassion : L'amour stoïque et l'intégration de l'ombre

7.1. Pratiquer l'autocompassion

La pratique de l'autocompassion joue un rôle crucial dans le stoïcisme et le travail de l'ombre. Elle consiste à se traiter avec gentillesse et compréhension, en particulier lorsqu'on est confronté à l'échec, à la déception ou à la souffrance. Le fondement de ce concept repose sur la reconnaissance du fait que nous sommes tous faillibles et que nous méritons d'être soignés, y compris nous-mêmes.

Lorsqu'il s'agit d'autocompassion dans le stoïcisme et le travail de l'ombre, tout commence par la reconnaissance de notre propre humanité et de nos imperfections. Cela nécessite un changement d'état d'esprit, de l'autocritique à la bienveillance. Au lieu de nous juger lorsque nous sommes confrontés à des revers ou à des défis, nous sommes encouragés à réagir avec compassion. Cela signifie que nous nous offrons la même empathie et la même compréhension que celles que nous accorderions à un ami proche dans une situation similaire.

En pratiquant l'autocompassion, nous pouvons intégrer des principes stoïciens tels que le concept d'amor fati, ou l'amour du destin, et le travail de l'ombre en reconnaissant et en acceptant nos vulnérabilités et nos limites. Ce faisant, nous pouvons cultiver un plus grand sens de la force intérieure et de la résilience.

Une pratique stoïcienne qui peut être intégrée à l'autocompassion est l'idée de la "clause de réserve". Cette pratique consiste à définir des attentes internes tout en permettant aux circonstances externes de se dérouler comme elles l'entendent. En adoptant cet état d'esprit, nous pouvons aborder nos propres échecs et lacunes avec compréhension et perspective, plutôt qu'avec une autocritique sévère.

L'autocompassion implique également de cultiver un sens profond de l'acceptation et de l'estime de soi. Cela peut être réalisé grâce au travail sur l'ombre, en reconnaissant et en embrassant les aspects sombres de nous-mêmes, y compris les parties qui sont souvent perçues comme indésirables ou honteuses. En intégrant ces aspects de l'ombre, nous pouvons développer une compréhension plus complète et plus compatissante de qui nous sommes.

En outre, l'autocompassion favorise la guérison émotionnelle et le bien-être. En abordant notre propre souffrance avec bienveillance et sans porter de jugement, nous pouvons favoriser un plus grand sentiment de résilience émotionnelle. Cela correspond à la pratique stoïcienne qui consiste à reconnaître ce qui est sous notre contrôle et à accepter ce qui ne l'est pas, ce qui nous permet de répondre à l'adversité avec plus d'équanimité.

Concrètement, la pratique de l'autocompassion peut impliquer diverses activités telles que le dialogue positif avec soi-même, la pleine conscience et les techniques d'auto-apaisement. Par exemple, nous pouvons utiliser des affirmations ou des mantras pour contrer les pensées autocritiques et cultiver un dialogue intérieur plus chaleureux. En outre, les pratiques de pleine conscience peuvent nous aider à observer nos pensées et nos émotions sans nous laisser submerger par elles, favorisant ainsi une relation plus compatissante avec nous-mêmes.

La pratique de l'autocompassion est une composante essentielle du stoïcisme et du travail de l'ombre. En intégrant les principes stoïciens de résilience et d'acceptation aux connaissances acquises grâce au travail sur les ombres, nous pouvons cultiver une relation plus compatissante et plus nourrissante avec nous-mêmes. Ceci, à son tour, peut conduire à un plus grand bien-être émotionnel et à un sentiment plus profond de paix intérieure.

MISE EN PRATIQUE

(1) Pratiquez l'autocompassion en passant de l'autocritique à la bienveillance. Exemple : Lorsque vous êtes confronté à un revers ou à un défi, au lieu d'être dur et critique envers vous-même, pratiquez l'autocompassion en faisant preuve de compréhension et de gentillesse. Traitez-vous comme vous traiteriez un ami proche dans une situation similaire, en faisant preuve d'empathie et de soutien.

(2) Adoptez le concept d'amor fati et reconnaissez vos propres vulnérabilités et limites. Exemple : au lieu de résister ou de lutter contre des circonstances difficiles, acceptez-les comme faisant partie de votre voyage : Au lieu de résister ou de lutter contre des circonstances difficiles, acceptez-les comme faisant partie de votre voyage. Reconnaître que les imperfections et les vulnérabilités font partie de l'être humain et les utiliser comme des opportunités de croissance et d'apprentissage.

(3) Incorporez l'état d'esprit de la "clause de réserve" pour aborder vos échecs et vos lacunes avec compréhension et perspective. Exemple : Fixez des attentes internes pour vous-même tout en laissant la place aux circonstances externes pour qu'elles se déroulent comme elles le souhaitent. Lorsque vous rencontrez des échecs ou des lacunes, pratiquez l'autocompassion en comprenant qu'il y a des facteurs indépendants de votre volonté et en vous concentrant sur ce que vous pouvez apprendre de cette expérience.

(4) Cultivez l'acceptation et l'estime de soi en embrassant vos aspects sombres. Exemple : Reconnaissez et acceptez les parties de vous-même que vous pourriez considérer comme indésirables ou honteuses. En intégrant ces aspects de l'ombre, vous développez une compréhension plus complète et plus compatissante de vous-même, ce qui peut conduire à une meilleure acceptation de soi et à une plus grande estime de soi.

(5) Favorisez la guérison émotionnelle et le bien-être en abordant votre propre souffrance avec bienveillance et sans porter de

jugement. Exemple : Lorsque vous êtes confronté à des luttes émotionnelles ou à la souffrance, pratiquez l'autocompassion en vous traitant avec gentillesse et compréhension. Évitez de vous juger vous-même et adoptez une attitude non critique à l'égard de vos émotions, ce qui vous permettra de les traiter et de les guérir de manière saine. (6) Pratiquez des activités telles que le dialogue positif avec vous-même, la pleine conscience et les techniques d'apaisement pour cultiver l'autocompassion. Exemple : Incorporez des pratiques telles que des affirmations ou des mantras pour contrer les pensées autocritiques et promouvoir un dialogue intérieur bienveillant. Pratiquez la pleine conscience pour observer vos pensées et vos émotions sans vous laisser submerger par elles, ce qui favorise une relation plus compatissante avec vous-même. Utilisez des techniques d'auto-apaisement, telles que la respiration profonde ou la pratique d'activités qui vous réconfortent, pour vous soutenir dans les moments difficiles.

En intégrant ces mesures pratiques à votre routine quotidienne, vous pouvez cultiver un sentiment plus fort d'auto-compassion, qui peut à son tour améliorer votre bien-être émotionnel et vous apporter un profond sentiment de tranquillité intérieure.

7.2. Faire preuve de compassion à l'égard des autres

La compassion envers les autres joue un rôle essentiel dans le stoïcisme et le travail de l'ombre. Dans la tradition stoïcienne, l'amour et l'empathie sont fondamentaux pour mener une vie vertueuse et épanouissante. En intégrant les aspects de l'ombre de la compassion et de l'amour, nous pouvons approfondir notre compréhension de nous-mêmes et des autres, ce qui conduit à des liens plus forts et à l'harmonie dans nos relations.

En pratiquant l'amour stoïque et l'empathie, nous sommes appelés à faire preuve de compassion non seulement envers nous-mêmes, mais aussi envers ceux qui nous entourent. Cela signifie reconnaître l'humanité des autres, comprendre leurs luttes et leurs défis, et leur offrir soutien et compréhension sans jugement. Cela exige que nous mettions de côté notre ego et nos désirs, et que nous voyions et écoutons vraiment les expériences des autres.

L'intégration de l'ombre, dans le contexte de la compassion envers les autres, implique de reconnaître et d'explorer les aspects les plus sombres de nos relations et de nos interactions. Il peut s'agir de reconnaître nos tendances au jugement, au ressentiment ou à l'indifférence, ainsi que de comprendre comment nos expériences et nos traumatismes passés peuvent affecter notre capacité à faire preuve d'empathie envers les autres. En éclairant ces aspects obscurs, nous pouvons commencer à les guérir et à les transformer, ce qui favorise une plus grande compassion et une meilleure connexion dans nos relations.

L'une des façons de pratiquer la compassion envers les autres est de cultiver l'autocompassion. Lorsque nous développons un sens profond de la gentillesse et de la compréhension envers nous-mêmes, nous sommes mieux équipés pour étendre cette même compassion à ceux qui nous entourent. Cela implique de reconnaître notre propre humanité et nos imperfections, et de nous traiter avec l'amour et l'empathie que nous offririons à un ami cher dans le besoin.  Grâce à cette pratique, nous pouvons améliorer notre capacité de compréhension et d'empathie envers les autres, créant ainsi un effet d'entraînement de la compassion dans nos relations.

Un autre aspect important de la compassion envers les autres est la pratique du pardon et l'abandon du ressentiment. Le travail de l'ombre nous permet de découvrir une colère ou une rancune profondément ancrée envers les autres et de comprendre comment ces émotions peuvent influencer nos interactions avec eux. En travaillant à la libération de ces émotions négatives et en cultivant le pardon, nous pouvons nous libérer du fardeau du ressentiment et créer un espace pour plus d'empathie et de compréhension dans nos relations.

Enfin, l'intégration de l'amour stoïque et du travail de l'ombre nous permet d'aborder nos relations avec un cœur et un esprit ouverts, favorisant des liens plus profonds et un sentiment d'humanité partagée avec ceux qui nous entourent. En faisant preuve de compassion envers les autres, nous enrichissons non seulement la vie de ceux que nous côtoyons, mais nous cultivons également un plus grand sentiment de paix, d'épanouissement et de résilience en nous-mêmes. Nous sommes capables de naviguer dans la complexité des relations humaines avec grâce et compréhension, ce qui renforce notre propre sentiment d'eudaimonia et contribue au bien-être de ceux qui nous entourent.

MISE EN PRATIQUE

(1) Pratiquer l'autocompassion : Développer un sens profond de la gentillesse et de la compréhension envers soi-même, en reconnaissant sa propre humanité et ses imperfections. Exemple : Prenez le temps, chaque jour, de vous consacrer à des activités de soin de soi, comme la tenue d'un journal, la pratique de la pleine conscience ou la pratique d'un passe-temps qui vous apporte de la joie.

(2) Cultiver le pardon et abandonner le ressentiment : Travaillez à vous débarrasser de la colère ou des rancunes profondément ancrées envers les autres, en vous libérant du fardeau de la rancune. Exemple : Écrivez une lettre de pardon à une personne qui vous a blessé, en exprimant vos sentiments et votre intention de vous débarrasser des émotions négatives associées à la situation.

(3) Reconnaître et prendre en compte les aspects de l'ombre : Réfléchissez à vos propres tendances au jugement, au ressentiment ou à l'indifférence dans vos relations, et explorez les façons dont les expériences et les traumatismes passés peuvent avoir un impact sur votre capacité à faire preuve d'empathie à l'égard des autres. Exemple : Pratiquez l'autoréflexion en rédigeant un journal sur une interaction récente au cours de laquelle vous avez ressenti des émotions négatives à l'égard de quelqu'un, en examinant les raisons et les schémas sous-jacents qui ont contribué à ces sentiments.

(4) Faire preuve de compassion à l'égard des autres sans les juger : Reconnaître l'humanité des autres, comprendre leurs luttes et leurs défis, et leur offrir soutien et compréhension sans les juger. Exemple :

Pratiquer l'écoute active en se concentrant pleinement sur une conversation avec quelqu'un, en suspendant tout jugement préconçu et en offrant des réponses empathiques.

(5) Favoriser des liens plus profonds grâce à l'empathie : Développez une plus grande capacité de compréhension et d'empathie envers les autres, créant ainsi un effet d'entraînement de la compassion dans vos relations. Exemple : Faites des exercices de mise en perspective, par exemple en vous imaginant à la place de quelqu'un d'autre et en tenant compte de ses émotions et de ses expériences dans une situation donnée.

(6) Adoptez la vulnérabilité et l'ouverture d'esprit : Abordez vos relations avec un cœur et un esprit ouverts, ce qui permet de nouer des liens plus profonds et de partager un sentiment d'humanité. Exemple : Prenez l'initiative de partager vos propres vulnérabilités et expériences avec une personne en qui vous avez confiance, créant ainsi un espace pour qu'elle puisse faire de même, ce qui favorise un lien plus profond.

(7) Pratiquez le travail de l'ombre : Mettez en lumière les aspects les plus sombres de vos relations et de vos interactions, en reconnaissant et en explorant les tendances au jugement, au ressentiment ou à l'indifférence. Exemple : Demandez l'aide d'un thérapeute ou d'un coach spécialisé dans le travail de l'ombre pour vous guider dans le processus de découverte de soi et de guérison.

(8) Développez une pratique quotidienne de la gratitude : Cultivez l'appréciation des aspects positifs de vos relations et de vos expériences, en favorisant un sentiment de connexion et d'épanouissement. Exemple : Chaque soir, écrivez trois choses dont vous êtes reconnaissant dans vos relations, en vous concentrant sur des moments ou des qualités spécifiques qui vous apportent de la joie ou de la gratitude.

(9) Donnez la priorité à l'écoute active et à l'empathie dans vos conversations : Voir et entendre réellement les expériences des autres, en mettant de côté son propre ego et ses propres désirs. Exemple : Pratiquez des techniques d'écoute réflexive, comme résumer et paraphraser les pensées et les sentiments de l'interlocuteur pour vous assurer de sa compréhension et valider son point de vue.

(10) Réfléchissez à vos progrès et ajustez votre approche : Évaluez régulièrement vos actions et l'impact qu'elles ont sur vos relations, et procédez aux ajustements nécessaires. Exemple : Réservez du temps chaque semaine pour réfléchir à vos interactions et voir s'il existe des possibilités de croissance et d'amélioration dans votre approche de la compassion.

7.3. AMOUR STOÏQUE ET EMPATHIE

Dans le domaine du stoïcisme, les concepts d'amour et d'empathie font souvent l'objet de malentendus et d'oublis. Cependant, les stoïciens reconnaissaient l'importance de la compassion et de la compréhension dans nos interactions avec nous-mêmes et avec les autres. L'amour et l'empathie stoïciens sont fondés sur l'idée de reconnaître la valeur inhérente et l'humanité de chaque individu, indépendamment de ses actions ou des circonstances.

Un aspect crucial de l'amour et de l'empathie stoïciens est la pratique de l'autocompassion. Il s'agit de se traiter avec gentillesse et compréhension, en particulier dans les moments d'échec ou d'adversité. Les stoïciens pensaient qu'en cultivant l'autocompassion, les individus pouvaient développer leur force intérieure et leur résilience, ce qui leur permettait d'aborder leurs propres difficultés avec grâce et humilité.

Une autre composante importante de l'amour et de l'empathie stoïciens est la compassion envers les autres. Cela implique de chercher activement à comprendre les perspectives et les expériences de ceux qui nous entourent, même si elles diffèrent des nôtres. Grâce à la pratique de l'empathie, les individus peuvent développer un sentiment plus profond de connexion et d'humanité partagée avec les autres, ce qui favorise un environnement social plus compatissant et plus harmonieux.

Le pardon et l'abandon du ressentiment sont également des éléments clés de l'amour et de l'empathie stoïciens. Les stoïciens pensaient que le fait de s'accrocher à des sentiments de colère ou de ressentiment ne fait que nuire à soi-même, plutôt qu'à la personne qui a causé la douleur. En pratiquant le pardon, les individus peuvent se libérer du fardeau des émotions négatives et cultiver la paix intérieure et la tranquillité.

L'intégration des aspects obscurs de l'amour et de la compassion est un aspect particulièrement difficile mais gratifiant de la philosophie stoïcienne. Il s'agit de reconnaître et d'aborder les émotions les plus sombres et les plus difficiles qui peuvent surgir dans nos relations avec nous-mêmes et avec les autres. En affrontant ces aspects de l'ombre avec courage et compassion, les individus peuvent travailler à la guérison et à la transformation, renforçant finalement leur capacité d'amour et d'empathie.

L'histoire de Marc Aurèle, philosophe stoïcien renommé et empereur romain, offre un exemple convaincant de l'amour et de l'empathie stoïciens en action. Malgré les pressions et les responsabilités liées à sa fonction, Marc Aurèle était connu pour sa compassion et sa compréhension à l'égard de son peuple. Il pratiquait l'empathie et le pardon, même envers ceux qui s'opposaient à lui, reconnaissant l'humanité inhérente à chaque individu, indépendamment de ses actions ou des circonstances.

Dans notre monde moderne, la pratique de l'amour stoïcien et de l'empathie peut avoir des effets profonds sur notre bien-être personnel et nos relations avec les autres. En cultivant l'auto-compassion, en faisant preuve de compassion envers les autres et en pratiquant le pardon, les individus peuvent contribuer à une société plus compatissante et plus compréhensive. En outre, l'intégration des aspects obscurs de l'amour et de la compassion permet aux individus de grandir et d'évoluer, en favorisant des liens plus profonds et la guérison émotionnelle.

Dans l'ensemble, l'amour stoïque et l'empathie sont des composantes essentielles d'une vie épanouie et pleine de sens. En pratiquant l'autocompassion, en faisant preuve de compassion envers les autres et en intégrant les aspects obscurs de l'amour et de la compassion, les individus peuvent cultiver la paix intérieure, la résilience et des liens authentiques avec ceux qui les entourent.

MISE EN PRATIQUE

(1) Cultiver l'autocompassion et se traiter avec gentillesse et compréhension, en particulier face à l'échec ou à l'adversité. Exemple : En cas d'échec au travail, au lieu d'être dur avec soi-même et de s'attarder sur l'erreur, pratiquer l'autocompassion en reconnaissant les efforts fournis, en tirant les leçons de l'expérience et en se traitant avec gentillesse et compréhension.

(2) Chercher activement à comprendre les perspectives et les expériences des autres, même si elles diffèrent des nôtres. Exemple : Lors d'une conversation avec une personne dont les opinions diffèrent des vôtres, écoutez activement son point de vue sans le juger, en posant des questions pour mieux comprendre son point de vue et trouver un terrain d'entente.

(3) Pratiquez le pardon et laissez tomber le ressentiment, en comprenant que le fait de s'accrocher à des émotions négatives ne fait que se nuire à soi-même. Exemple : Si quelqu'un vous a fait du tort, pratiquez le pardon en reconnaissant la douleur causée, mais en choisissant de laisser tomber le ressentiment et de vous concentrer sur votre développement personnel et votre progression.

(4) Reconnaître et traiter les émotions plus sombres et plus difficiles qui peuvent surgir dans les relations avec nous-mêmes et avec les autres. Exemple : Si des sentiments de jalousie apparaissent dans une relation amoureuse, au lieu de les supprimer ou de les ignorer, il faut les affronter avec courage et compassion. Réfléchir aux insécurités ou aux peurs sous-jacentes qui sont à l'origine de ces émotions et prendre des mesures pour les traiter et les guérir.

(5) Reconnaître la valeur inhérente et l'humanité de chaque individu, indépendamment de ses actions ou des circonstances. Exemple : Au lieu de juger une personne sur la base de ses erreurs passées ou de sa situation actuelle, exercez-vous à voir la valeur inhérente à cette personne en reconnaissant son potentiel de croissance et de changement. Traitez-les avec empathie et compassion, en leur offrant soutien et compréhension.

En mettant en œuvre ces mesures pratiques et en intégrant les principes de l'amour stoïcien et de l'empathie dans nos habitudes quotidiennes, nous pouvons éprouver une plus grande satisfaction personnelle et forger des relations plus profondes et plus significatives avec ceux qui nous entourent.

7.4. LE PARDON ET L'ABANDON DES RANCŒURS

Le pardon et la libération du ressentiment sont des éléments cruciaux du stoïcisme et du travail de l'ombre. Dans le stoïcisme, le pardon est considéré comme un moyen de se libérer du poids des émotions négatives, tandis que dans le travail de l'ombre, il s'agit de reconnaître et d'intégrer les aspects de nous-mêmes qui peuvent conserver le ressentiment.

Le pardon ne consiste pas à justifier ou à excuser les actions d'autrui, mais plutôt à se libérer de l'agitation émotionnelle qui accompagne le ressentiment. En pardonnant, nous nous libérons de l'emprise des blessures passées et nous nous ouvrons à la guérison et à l'épanouissement personnel. Il nous permet d'aller de l'avant sans être accablé par la colère et l'amertume, ce qui nous procure en fin de compte un plus grand sentiment de paix et de bien-être.

Dans le cadre du travail de l'ombre, le pardon et la libération du ressentiment impliquent de reconnaître les parties de nous-mêmes qui peuvent s'accrocher à de vieilles rancunes ou à des douleurs non résolues. Lorsque nous reconnaissons et intégrons ces aspects de l'ombre, nous pouvons commencer à guérir et à grandir, ce qui nous permet d'avoir une vision plus holistique et intégrée de nous-mêmes.

Pratiquer le pardon et se libérer du ressentiment peut s'avérer difficile, en particulier lorsque les blessures sont profondes. Cela demande un effort conscient pour cultiver l'empathie et la compréhension à l'égard de la personne qui nous a fait du mal, et pour reconnaître que le fait de garder du ressentiment ne fait que perpétuer notre propre souffrance.

L'une des façons de pratiquer le pardon est de changer de perspective et d'essayer de voir la situation du point de vue de l'autre personne. Il ne s'agit pas de trouver des excuses à son comportement, mais plutôt de comprendre les circonstances qui ont pu influencer ses actions. Cela peut favoriser la compassion, qui est essentielle dans le processus de pardon.

Un autre aspect important du pardon est l'établissement de limites. Le pardon n'implique pas que l'on permette à des comportements nuisibles de se poursuivre sans conséquence. Il est important de donner la priorité à notre propre bien-être et à notre sécurité, et le pardon peut être un moyen de relâcher l'emprise émotionnelle que les événements passés peuvent avoir sur nous, tout en fixant des limites pour prévenir tout préjudice futur.

Se débarrasser du ressentiment implique d'accepter que nous ne pouvons pas changer le passé, mais que nous pouvons contrôler la façon dont nous y réagissons. Cette prise de conscience peut être incroyablement stimulante, car elle nous donne le pouvoir de choisir la façon dont nous voulons aller de l'avant.

Le pardon et la libération du ressentiment sont des pratiques puissantes qui peuvent avoir un impact transformateur sur notre vie. En intégrant ces pratiques dans notre vie quotidienne, nous pouvons nous défaire de l'emprise des émotions négatives, guérir les blessures du passé et cultiver un plus grand sentiment de paix et de bien-être. Ce processus est crucial pour le stoïcisme et le travail de l'ombre, car il nous permet de développer un sens de soi plus équilibré et intégré, ce qui conduit en fin de compte à une vie plus épanouissante et pleine de sens.

MISE EN PRATIQUE

(1) Cultiver l'empathie et la compréhension à l'égard de ceux qui ont causé du tort. Exemple : Lorsque quelqu'un nous a fait du mal, il peut être difficile d'éprouver de l'empathie pour ses actes. Cependant, en faisant un effort pour comprendre son point de vue et les facteurs qui ont pu influencer son comportement, nous pouvons commencer à cultiver l'empathie. Par exemple, si un ami annule ses projets à la

dernière minute, au lieu d'entretenir du ressentiment, nous pouvons essayer de comprendre son emploi du temps chargé ou les circonstances inattendues, ce qui favorise le pardon et la compréhension.

(2) Fixer des limites pour éviter tout préjudice futur tout en pardonnant. Exemple : Pardonner à quelqu'un ne signifie pas l'autoriser à poursuivre des comportements préjudiciables. Il est essentiel de fixer des limites pour notre bien-être et notre sécurité. Par exemple, si un collègue s'attribue fréquemment le mérite de notre travail, lui pardonner implique d'évacuer le ressentiment tout en fixant des limites claires pour que nos contributions soient reconnues et respectées à l'avenir.

(3) Accepter que l'on ne peut pas changer le passé, mais que l'on peut choisir la façon de réagir. Exemple : Pour se débarrasser du ressentiment, il faut accepter que l'on ne peut pas changer le passé. Au lieu de ressasser les blessures du passé, nous avons le pouvoir de choisir notre façon de réagir dans le présent et dans l'avenir. Par exemple, si un partenaire romantique nous a trompés, nous pouvons choisir de garder du ressentiment ou de lâcher prise et de nous concentrer sur le rétablissement de la confiance ou sur la recherche d'une relation plus saine.

(4) Pratiquer le pardon est un moyen d'évacuer les troubles émotionnels et de favoriser l'épanouissement personnel. Exemple : Le pardon nous permet de relâcher l'emprise des émotions négatives et de favoriser notre développement personnel. Par exemple, si un membre de notre famille a trahi notre confiance, nous pouvons choisir de lui pardonner, sans approuver ses actes, mais en laissant tomber le ressentiment afin de nous guérir et de favoriser une relation plus saine à l'avenir.

(5) Cultiver un sentiment de compassion à l'égard de ceux qui nous ont fait du mal. Exemple : Développer la compassion à l'égard de ceux qui nous ont blessés facilite le pardon. En comprenant que les actions des gens sont souvent motivées par leurs propres peurs, insécurités ou expériences passées, nous pouvons faire preuve de compassion. Par exemple, si un ami a dit des choses blessantes au cours d'une dispute, le fait de reconnaître qu'il s'est peut-être emporté

en raison de sa propre douleur non résolue peut nous aider à favoriser le pardon et la compréhension.

7.5. INTÉGRER LES ASPECTS DE L'OMBRE DE L'AMOUR ET DE LA COMPASSION

Embrasser les aspects sombres de l'amour et de la compassion est une partie essentielle de notre voyage vers le développement personnel. Il s'agit de reconnaître et d'accepter les côtés cachés et sombres de ces émotions positives. Alors que nous associons souvent l'amour et la compassion à la gentillesse et à la chaleur, il est essentiel de reconnaître qu'ils peuvent aussi avoir une face cachée, qui se manifeste par la possessivité, la codépendance ou le ressentiment. En intégrant ces aspects sombres, nous pouvons parvenir à une compréhension plus profonde et à une expression plus authentique de l'amour et de la compassion.

Pour commencer à intégrer les aspects obscurs de l'amour et de la compassion, nous devons d'abord pratiquer l'autocompassion. Cela signifie que nous devons accepter nos propres défauts et imperfections et nous pardonner nos erreurs passées. En embrassant nos propres aspects de l'ombre avec gentillesse et compréhension, nous pouvons développer un véritable sens de la compassion pour les autres. Ce processus nous aide également à réaliser que tout le monde a ses propres zones d'ombre et nous permet d'approcher les autres avec plus d'empathie et de compassion.

Le pardon et l'abandon du ressentiment sont également essentiels à l'intégration des aspects d'ombre de l'amour et de la compassion. S'accrocher à des sentiments de colère ou d'amertume envers les autres crée des obstacles à l'expérience et à l'expression d'un amour et d'une compassion authentiques. En reconnaissant et en travaillant sur nos propres sentiments de ressentiment, nous pouvons ouvrir notre cœur à un amour plus authentique et inconditionnel. Ce processus implique également de reconnaître et d'embrasser les aspects

obscurs de l'amour, tels que la jalousie ou la possessivité, et de transformer ces émotions en expressions saines et constructives d'attention et de sollicitude.

Un autre aspect important de l'intégration des aspects sombres de l'amour et de la compassion consiste à étendre notre compassion aux autres, même dans des circonstances difficiles. Cela peut nous obliger à affronter nos propres conflits intérieurs et nos émotions les plus sombres, comme l'envie ou la compétition, et à trouver des moyens de transformer ces sentiments en actes authentiques de gentillesse et de soutien envers les autres. En reconnaissant et en travaillant sur ces aspects sombres, nous pouvons cultiver des liens plus profonds et plus significatifs avec ceux qui nous entourent.

Enfin, l'intégration des aspects sombres de l'amour et de la compassion implique d'accepter la complexité de ces émotions et de reconnaître qu'elles ne sont pas toujours pures et positives. En acceptant les éléments d'ombre de l'amour et de la compassion, nous développons une compréhension plus équilibrée et plus réaliste de ces émotions. Cela nous permet de nous engager avec elles d'une manière plus authentique et plus significative.

L'intégration des aspects sombres de l'amour et de la compassion est un processus de transformation qui approfondit nos relations avec nous-mêmes et avec les autres. En reconnaissant et en embrassant les éléments les plus sombres de ces émotions, nous cultivons un amour et une compassion plus authentiques et plus résistants, enracinés dans la conscience de soi, l'empathie et l'acceptation. Ce processus favorise notre développement personnel et notre bien-être, nous permettant de créer des liens plus significatifs et plus compatissants avec ceux qui nous entourent.

MISE EN PRATIQUE

(1) Pratiquez l'autocompassion et reconnaissez vos défauts et imperfections personnels : En faisant preuve de gentillesse et de compréhension à l'égard de soi-même, les individus peuvent développer un sentiment de compassion plus authentique envers les autres. Par exemple, au lieu de s'autocritiquer pour avoir commis une erreur au travail, on peut reconnaître l'imperfection et s'offrir des mots de soutien et de pardon.

(2) Pratiquez le pardon et abandonnez le ressentiment : En travaillant sur les sentiments de colère ou d'amertume envers les autres, les individus peuvent ouvrir leur cœur à une forme plus authentique et inconditionnelle d'amour et de compassion. Par exemple, une personne peut choisir de pardonner à un ami qui l'a blessée involontairement et de laisser tomber toutes les émotions négatives associées à cette situation.

(3) Faire preuve de compassion envers les autres, même dans des circonstances difficiles : En affrontant les conflits internes et les émotions les plus sombres, les individus peuvent trouver des moyens de transformer ces sentiments en actes authentiques de gentillesse et de soutien envers les autres. Par exemple, lorsqu'on est envieux de la réussite d'un collègue, on peut choisir de le féliciter sincèrement et de lui offrir de l'aide si nécessaire.

(4) Accepter la complexité de l'amour et de la compassion : En acceptant les éléments d'ombre de ces émotions, les individus peuvent développer une compréhension plus équilibrée et réaliste de l'amour et de la compassion. Cela permet de s'engager de manière plus authentique et plus significative. Par exemple, en reconnaissant que l'amour peut parfois s'accompagner de jalousie, on peut consciemment s'efforcer de transformer la jalousie en appréciation et en soutien des réalisations de l'être aimé.

(5) Cultiver des liens significatifs avec soi-même et avec les autres : En intégrant les aspects obscurs de l'amour et de la compassion, les individus peuvent approfondir leurs relations et créer des liens plus compatissants. En s'engageant dans la connaissance de soi, l'empathie et l'acceptation, les individus peuvent améliorer leur développement personnel et leur bien-être. Par exemple, en pratiquant l'autoréflexion et en exprimant de l'empathie à l'égard des expériences des autres, on peut établir des liens plus significatifs dans les relations amicales et romantiques.

8. Trouver un sens et un but : l'eudaimonie stoïcienne et l'exploration de l'ombre

8.1. DÉCOUVRIR SA VÉRITABLE RAISON D'ÊTRE

L'un des aspects fondamentaux du stoïcisme et du travail de l'ombre concerne la recherche de l'eudaimonia, c'est-à-dire du bonheur et de l'épanouissement authentiques. Dans cette section, nous explorerons le processus de découverte de votre but authentique dans la vie et son alignement avec vos valeurs les plus profondes.

Pour s'engager sur la voie de la découverte de son but authentique, il est essentiel de s'adonner à l'autoréflexion et à l'introspection. Il s'agit de prendre le temps d'examiner vos croyances, vos passions et vos désirs, ainsi que de réfléchir aux expériences et aux moments qui vous ont apporté le plus de joie et

d'épanouissement. En regardant à l'intérieur de vous et en clarifiant ce qui compte vraiment pour vous, vous pouvez commencer à découvrir les thèmes et les valeurs sous-jacents qui résonnent avec votre but authentique.

En outre, l'alignement sur vos valeurs joue un rôle essentiel dans la poursuite de l'eudaimonia. En identifiant les vertus et les principes qui sont les plus importants pour vous, vous pouvez commencer à créer une vie en harmonie avec ces valeurs. Par exemple, si l'honnêteté et l'intégrité sont primordiales pour vous, vous pouvez rechercher des opportunités qui vous permettent d'incarner ces vertus dans votre vie personnelle et professionnelle. En alignant consciemment vos actions sur vos valeurs fondamentales, vous pouvez cultiver un sentiment d'utilité et d'épanouissement qui a un sens profond pour vous.

Vivre une vie eudaimonique implique également de surmonter les obstacles existentiels, tels que les peurs et les doutes qui peuvent obscurcir votre sens du but et de l'accomplissement. Ces obstacles peuvent se manifester sous la forme de croyances autolimitatives, du syndrome de l'imposteur ou de la peur de l'échec. En reconnaissant et en traitant ces obstacles, vous pouvez commencer à relâcher leur emprise sur vous et faire de la place pour une vie plus authentique et plus motivée.

Il est important de reconnaître que la découverte de votre but authentique est un processus continu et en constante évolution. Au fur et à mesure que vous grandissez et évoluez, votre objectif et ce qui compte le plus pour vous peuvent également se transformer. Le fait d'embrasser le processus de découverte de soi avec un esprit et un cœur ouverts vous permet d'affiner continuellement votre but authentique et de vous y aligner.

Pour illustrer le concept de découverte de son but authentique, prenons l'exemple de Sarah, une cadre supérieure accomplie qui se sentait insatisfaite en dépit de ses réalisations professionnelles. Grâce à l'introspection et à l'auto-réflexion, elle a découvert que sa véritable passion résidait dans le mentorat et l'autonomisation des jeunes professionnels. En s'alignant sur sa valeur fondamentale qui est d'avoir un impact positif, Sarah est passée à un rôle qui lui permettait d'inspirer et de soutenir les autres dans leur développement personnel et professionnel. Ce changement lui a non seulement apporté un profond épanouissement, mais lui a également permis de mener une vie orientée vers un but précis, en accord avec ses valeurs authentiques.

Découvrir son but authentique est un voyage profondément personnel et transformateur. En vous engageant dans une réflexion sur vous-même, en vous alignant sur vos valeurs et en surmontant les obstacles existentiels, vous pouvez dévoiler un sens de l'objectif et de l'accomplissement qui résonne avec votre véritable essence. Ce processus est continu et peut évoluer avec le temps, mais en embrassant le voyage de la découverte de soi, vous pouvez cultiver une vie qui a un sens profond et qui est alignée avec votre but authentique.

MISE EN PRATIQUE

(1) Se livrer à l'autoréflexion et à l'introspection. Exemple : Prenez chaque jour le temps de réfléchir à vos croyances, à vos passions et à vos désirs. Envisagez de tenir un journal ou de méditer pour vous aider à clarifier et à comprendre ce qui compte vraiment pour vous.

(2) Identifiez les thèmes et les valeurs primordiaux qui s'alignent sur votre véritable objectif. Exemple : Dressez une liste des expériences et des moments qui vous ont apporté le plus de joie et d'épanouissement. Recherchez les schémas et les thèmes qui se dégagent, tels que la passion d'aider les autres ou le désir de créativité, et utilisez-les comme principes directeurs dans votre prise de décision.

(3) Déterminez vos valeurs fondamentales et alignez vos actions sur celles-ci. Exemple : Réfléchissez aux vertus et aux principes qui comptent le plus pour vous, comme l'honnêteté, l'intégrité ou la compassion. Cherchez dans votre vie personnelle et professionnelle des occasions d'exprimer ces valeurs, que ce soit en faisant du bénévolat, en défendant des causes auxquelles vous croyez ou en trouvant un emploi qui corresponde à vos valeurs.

(4) Aborder et surmonter les ombres existentielles. Exemple : Identifiez les peurs, les croyances autolimitatives ou les doutes qui vous empêchent de vivre une vie motivée. Prenez des mesures pour remettre en question et surmonter ces ombres, par exemple en suivant une thérapie, en pratiquant l'autocompassion ou en prenant de petits risques pour renforcer votre confiance en vous.

(5) Accepter le processus de découverte de soi avec un esprit et un cœur ouverts. Exemple : Abordez la découverte de votre véritable objectif comme un processus continu et évolutif. Permettez-vous d'explorer de nouveaux centres d'intérêt, de tenter de nouvelles expériences et d'être ouvert à l'idée de changer votre objectif au fur et à mesure que vous grandissez et évoluez en tant que personne. Acceptez l'inconnu et ayez confiance en votre capacité à naviguer sur le chemin d'une vie épanouie.

(6) Recherchez des opportunités qui vous permettent d'exprimer votre véritable objectif. Exemple : Cherchez activement des moyens d'intégrer vos passions et vos valeurs dans votre vie quotidienne. Il peut s'agir de faire du bénévolat pour une cause qui vous tient à cœur, de lancer un projet parallèle lié à votre véritable objectif ou de rechercher une carrière qui correspond à vos valeurs et vous permet d'avoir un impact positif.

(7) Affinez continuellement votre objectif et alignez-vous sur lui. Exemple : Faites régulièrement le point avec vous-même pour réévaluer vos objectifs, vos valeurs et votre raison d'être. Réfléchissez pour savoir si vos actions et vos choix actuels correspondent à votre véritable personnalité et faites les ajustements nécessaires. Rappelez-vous que la découverte de votre véritable objectif est un voyage qui dure toute la vie et qu'il n'y a pas de mal à faire des changements en cours de route.

8.2. S'ALIGNER SUR SES VALEURS

S'aligner sur nos valeurs est un élément crucial pour mener une vie épanouie et utile, comme l'explique le livre Stoic and Shadow Work (Stoïque et travail de l'ombre). Lorsque nous alignons nos pensées, nos actions et nos décisions sur nos valeurs fondamentales, nous créons un chemin vers une existence plus significative. Ce processus implique une introspection et une réflexion profondes pour comprendre ce qui compte vraiment pour nous et comment nous pouvons incarner ces valeurs dans notre vie quotidienne.

Pour commencer à s'aligner sur nos valeurs, il est important d'identifier ce qui est le plus important pour nous. Il peut s'agir de qualités telles que l'honnêteté, la compassion, l'intégrité, le courage ou la résilience. Il peut également s'agir de principes tels que la justice, l'égalité, la liberté ou la durabilité. Prenez le temps de réfléchir à ces valeurs et de vous demander pourquoi elles sont importantes pour vous. L'honnêteté est peut-être importante parce qu'elle favorise la confiance et les liens significatifs, ou la justice résonne peut-être en vous en raison de vos convictions en matière d'équité et d'égalité pour tous.

Une fois que nous avons une idée claire de nos valeurs, l'étape suivante consiste à évaluer dans quelle mesure notre mode de vie et nos choix actuels correspondent à ces valeurs. Notre mode de vie est-il conforme à nos valeurs ou y a-t-il des domaines dans lesquels nous faisons des compromis ou négligeons ce qui compte vraiment pour nous ? Par exemple, si la compassion est une valeur fondamentale, réfléchissez à la manière dont vous faites preuve de compassion dans vos interactions avec les autres. Si la durabilité est importante pour vous, réfléchissez à votre impact sur l'environnement et aux choix que vous faites en termes de consommation et de déchets.

S'aligner sur nos valeurs implique également de prendre des décisions intentionnelles qui soutiennent et honorent ces principes. Il peut s'agir de fixer des limites qui correspondent à nos valeurs, de défendre des causes qui correspondent à nos convictions ou de faire des choix qui reflètent notre engagement à vivre en accord avec ce qui nous tient à cœur. Cela peut également impliquer de s'éloigner de situations ou de relations qui sont en conflit avec nos valeurs, même si cela nous met à l'épreuve.

En outre, l'alignement sur nos valeurs nous incite à évaluer et à affiner en permanence nos choix à la lumière de nos principes. Ce processus permanent de réflexion et d'ajustement garantit que nous vivons de manière authentique et en harmonie avec ce qui nous tient à cœur. Lorsque nous sommes confrontés à de nouvelles expériences et à de nouveaux défis, il est important de réfléchir à la manière dont ils s'alignent sur nos valeurs et à la manière dont nous pouvons y répondre d'une manière qui soit cohérente avec ce qui compte le plus pour nous.

En nous alignant sur nos valeurs, nous cultivons un sentiment d'intégrité et d'authenticité dans notre vie. Cet alignement agit également comme une boussole, guidant nos décisions et nos actions vers notre véritable personnalité. Lorsque nous sommes enracinés dans nos valeurs, nous sommes mieux équipés pour naviguer dans les complexités de la vie avec clarté et détermination.

Dans l'ensemble, le processus d'alignement sur nos valeurs est un aspect fondamental du travail stoïque et du travail de l'ombre, car il nous permet de vivre une vie en accord avec nos convictions les plus profondes. Cet alignement nous permet de faire des choix qui sont en harmonie avec notre vrai moi, ce qui favorise un sentiment d'accomplissement et de paix intérieure. Il s'agit d'un voyage permanent de découverte et d'affirmation de soi qui peut conduire à une existence plus significative et plus utile.

MISE EN PRATIQUE

(1) Identifiez vos valeurs fondamentales : Prenez le temps de réfléchir à ce qui est vraiment important pour vous, comme l'honnêteté, la compassion, la justice ou la durabilité. Réfléchissez aux raisons pour lesquelles ces valeurs sont importantes pour vous et à la manière dont elles peuvent guider vos actions et vos décisions. Exemple : Identifiez l'honnêteté comme une valeur fondamentale et réfléchissez à la manière dont vous pouvez l'incarner dans votre vie quotidienne. Pratiquez une communication ouverte et transparente, tant dans vos relations personnelles que professionnelles, afin de favoriser la confiance et l'établissement de liens significatifs.

(2) Évaluez l'alignement sur vos valeurs : Évaluez dans quelle mesure votre mode de vie et vos choix actuels correspondent à vos valeurs fondamentales. Y a-t-il des domaines dans lesquels vous faites des compromis ou négligez ce qui compte vraiment pour vous ? Exemple : Si la durabilité est une valeur fondamentale, évaluez votre impact sur l'environnement. Envisagez de réduire vos déchets, de

pratiquer le recyclage et d'opter pour des choix de consommation durables, comme l'utilisation de sources d'énergie renouvelables.

(3) Prendre des décisions intentionnelles : Choisissez activement de prendre des décisions et d'entreprendre des actions qui honorent et soutiennent vos valeurs. Il peut s'agir de fixer des limites, de défendre des causes conformes à vos convictions ou de faire des choix qui reflètent votre engagement à vivre en accord avec ce qui vous tient à cœur. Exemple : Si la justice est une valeur fondamentale, soutenez activement et engagez-vous dans des initiatives ou des organisations qui promeuvent l'égalité et l'équité, par exemple en vous portant volontaire pour une campagne en faveur des droits de l'homme ou en participant à des programmes de sensibilisation de la communauté.

(4) Réfléchir et ajuster : Évaluez et affinez en permanence vos choix à la lumière de vos valeurs. Réfléchissez régulièrement à l'adéquation de vos actions avec vos principes et procédez aux ajustements nécessaires pour vous assurer que vous vivez de manière authentique et en harmonie avec ce qui compte le plus pour vous. Exemple : Lorsque vous êtes confronté à de nouvelles expériences ou à de nouveaux défis, réfléchissez à la manière dont ils correspondent à vos valeurs et réagissez d'une manière qui soit cohérente avec ce qui vous tient à cœur. Si une situation est en conflit avec vos valeurs, prenez les mesures nécessaires pour y remédier ou vous en retirer, même si cela s'avère difficile.

(5) Cultiver l'intégrité et l'authenticité : S'aligner sur ses valeurs, c'est cultiver un sentiment d'intégrité et d'authenticité dans sa vie. Il s'agit d'une boussole qui guide vos décisions et vos actions dans une direction conforme à votre véritable personnalité. Exemple : Lorsque vous êtes confronté à une décision, prenez le temps de réfléchir à vos valeurs fondamentales et à la manière dont chaque choix s'aligne sur elles. Choisissez l'option qui correspond à vos valeurs et à votre personnalité authentique.

(6) Naviguer dans les méandres de la vie avec clarté et détermination : vivre en accord avec ses valeurs donne un sentiment de clarté et de détermination, ce qui permet de naviguer dans les méandres de la vie avec confiance et détermination. Exemple : Lorsque vous êtes confronté à des situations difficiles ou à des intérêts

contradictoires, utilisez vos valeurs comme guide pour prendre des décisions qui correspondent à votre véritable personnalité et qui vous apportent un sentiment d'accomplissement et de paix intérieure.

(7) S'engager continuellement dans la découverte et l'affirmation de soi : Le processus d'alignement sur vos valeurs est un voyage permanent de découverte et d'affirmation de soi. Acceptez ce voyage et permettez-lui de contribuer à une existence plus significative et plus utile. Exemple : Engagez-vous régulièrement dans une réflexion sur vous-même, dans la tenue d'un journal ou dans des pratiques de pleine conscience afin d'approfondir votre compréhension de vos valeurs et du rôle qu'elles jouent dans votre vie. Recherchez des opportunités de développement personnel et d'apprentissage qui soient en accord avec vos valeurs fondamentales.

8.3. Vivre une vie d'eudaimonia

L'eudaimonia, un concept profondément ancré dans la philosophie stoïcienne, englobe l'idée d'atteindre l'"épanouissement humain", c'est-à-dire de vivre une vie remplie de bonheur et d'accomplissement véritables. Il ne s'agit pas seulement de rechercher le plaisir ou d'éviter la douleur, mais plutôt d'aligner nos valeurs, nos vertus et la poursuite d'un but et d'un sens. En ce qui concerne le travail de l'ombre, vivre une vie d'eudaimonia implique d'embrasser et d'intégrer les ombres qui peuvent entraver notre chemin vers l'épanouissement.

Pour vivre une vie d'eudaimonia, la première étape consiste à découvrir notre véritable but. Cela implique de s'engager dans une introspection et une réflexion profondes, et d'explorer ce qui compte vraiment pour nous. En nous alignant sur nos valeurs et en identifiant les activités et les projets qui nous apportent un sentiment de sens et d'épanouissement, nous pouvons commencer à façonner une vie en harmonie avec notre moi authentique.

Une fois que nous avons découvert notre but, l'étape suivante consiste à cultiver les vertus essentielles à l'eudaimonia : la sagesse, le courage, la justice et la tempérance. En incarnant ces vertus dans notre vie quotidienne, nous pouvons affronter les défis et les complexités du monde avec intégrité et force morale. Dans le domaine du travail de l'ombre, cela signifie également reconnaître et intégrer les aspects d'ombre de ces vertus, en reconnaissant que nous possédons tous en nous la capacité de la lumière et de l'obscurité.

Vivre selon les principes de l'eudaimonia nous oblige également à affronter les ombres existentielles, c'est-à-dire les peurs et les angoisses les plus profondes qui peuvent entraver notre capacité à nous épanouir. En reconnaissant et en affrontant ces ombres existentielles, nous pouvons trouver la résilience et la force de vivre de manière authentique et avec un but précis.

En outre, la gratitude joue un rôle essentiel dans une vie fondée sur l'eudaimonia. Cultiver un sentiment d'appréciation pour les plaisirs simples de la vie, ainsi que pour les défis qui offrent des opportunités de croissance, nous permet de trouver la joie et le contentement dans le moment présent. Dans le contexte du travail de l'ombre, cela implique également de reconnaître et d'accepter les aspects obscurs de la gratitude, y compris les moments d'obscurité qui nous ont façonnés et les défis qui ont contribué à notre croissance personnelle.

Enfin, le maintien de la croissance et de l'intégration est un voyage permanent. Il nous faut réfléchir à nos progrès, maintenir une pratique quotidienne de l'autoréflexion et de la pleine conscience, et rechercher le soutien d'une communauté de personnes partageant les mêmes idées. En reconnaissant que le chemin vers l'eudaimonia n'est pas toujours linéaire et que les revers et les défis font partie du processus, nous pouvons développer la résilience et la persévérance nécessaires pour continuer à aller de l'avant.

Par essence, vivre l'eudaimonia, c'est embrasser tout le spectre de l'expérience humaine, y compris les zones d'ombre qui existent en nous. En intégrant, en reconnaissant et en travaillant avec nos ombres, nous pouvons cultiver une vie de bonheur, de sens et d'épanouissement authentiques. Ce processus n'est pas facile, mais s'engager dans cette voie en vaut la peine, pour notre propre épanouissement et pour le bénéfice de ceux qui nous entourent.

> **MISE EN PRATIQUE**
>
> (1) Engagez-vous dans une introspection et une réflexion approfondies pour découvrir votre véritable objectif. Exemple : Consacrez du temps à l'introspection, à la tenue d'un journal et à la méditation pour explorer vos valeurs, vos passions et ce qui vous apporte vraiment un sentiment de sens et d'épanouissement. Envisagez de vous poser des questions telles que : "Quelles sont mes valeurs fondamentales ? Quelles activités ou poursuites me font me sentir vivant et utile ?"
> (2) Identifier et s'aligner sur ses valeurs et vertus dans la vie quotidienne. Exemple : Dressez une liste de vos valeurs et vertus fondamentales, telles que la sagesse, le courage, la justice et la tempérance. Donnez la priorité à ces valeurs dans votre processus de prise de décision et efforcez-vous de les incarner dans vos interactions et vos actions. Par exemple, si la justice est importante pour vous, cherchez activement des occasions de vous opposer à l'injustice et de promouvoir l'équité.
> (3) Reconnaître et intégrer les aspects obscurs des vertus et des valeurs. Exemple : Reconnaître que les vertus et les valeurs ont des aspects sombres ou des pièges potentiels. Par exemple, la sagesse peut se transformer en arrogance ou en scepticisme excessif, tandis que le courage peut déboucher sur l'imprudence. Réfléchissez à la manière dont ces aspects obscurs peuvent se manifester dans votre vie et efforcez-vous de trouver un équilibre qui englobe les aspects positifs tout en atténuant les aspects négatifs.
> (4) Affronter et surmonter les ombres existentielles qui entravent votre capacité à vous épanouir. Exemple : Identifiez et affrontez vos peurs et vos angoisses les plus profondes qui vous empêchent peut-être de vivre de manière authentique et avec un but précis. Envisagez de consulter un thérapeute ou un coach pour vous aider à aborder et à gérer ces ombres existentielles.
> (5) Cultiver la gratitude pour les plaisirs simples et les défis de la vie. Exemple : Pratiquez la gratitude en réfléchissant régulièrement et en

exprimant votre appréciation pour les moments de joie, de croissance et les opportunités d'apprentissage que les expériences positives et les défis apportent. Il peut s'agir de tenir un journal de gratitude ou d'exprimer sa gratitude aux autres pour leur soutien et leur contribution à votre développement.

(6) Maintenir une pratique quotidienne d'autoréflexion et de pleine conscience. Exemple : Consacrez chaque jour du temps à l'introspection et à la pleine conscience, en pratiquant par exemple la méditation, la tenue d'un journal ou des exercices de respiration profonde. Ces pratiques peuvent vous aider à rester en contact avec votre moi intérieur, à développer votre conscience de soi et à améliorer votre capacité à faire des choix conscients en accord avec votre objectif et vos valeurs.

(7) Rechercher le soutien d'une communauté de personnes partageant les mêmes idées. Exemple : Rejoignez un groupe ou une communauté d'individus qui sont également sur la voie d'une vie fondée sur l'eudaimonia. Engagez des conversations, partagez vos expériences et tirez parti des idées et des points de vue des uns et des autres. Cela peut apporter un soutien émotionnel, une responsabilisation et des opportunités de croissance et d'apprentissage.

(8) Accepter les revers et les défis comme faisant partie du voyage vers l'eudaimonia. Exemple : Reconnaître que les revers et les défis sont inévitables dans la vie et font partie du processus de croissance. Au lieu de les considérer comme des échecs, voyez-les comme des occasions d'apprentissage et de développement personnel. Pratiquez la résilience et la persévérance en conservant un état d'esprit de croissance et en restant attaché à votre objectif et à vos valeurs, même face aux difficultés.

8.4. SURMONTER LES OMBRES EXISTENTIELLES

Les ombres existentielles sont les peurs et les incertitudes profondément enracinées qui surgissent lorsque nous nous interrogeons sur le sens de la vie et sur notre place dans le monde. Ces ombres peuvent se manifester par des sentiments de vide, d'isolement et de désespoir face aux questions profondes de la vie. Cependant, en adoptant les principes du stoïcisme et en s'engageant dans le travail de l'ombre, nous pouvons apprendre à affronter et à surmonter ces ombres existentielles avec résilience et sagesse.

La première étape pour surmonter les ombres existentielles est de s'engager dans une profonde réflexion sur soi et une introspection. En plongeant dans nos croyances, nos valeurs et nos craintes concernant notre existence, nous pouvons commencer à découvrir les causes sous-jacentes de nos ombres existentielles. Ce processus d'auto-réflexion exige du courage et de la vulnérabilité, car il peut nous confronter à des vérités inconfortables sur nos peurs et nos insécurités. Cependant, en faisant la lumière sur ces ombres, nous pouvons commencer à les comprendre et à travailler pour les surmonter.

La philosophie stoïcienne fournit des outils puissants pour recadrer nos ombres existentielles et découvrir un sens à notre vie. Les stoïciens mettent l'accent sur l'importance de vivre en accord avec nos valeurs et nos vertus, indépendamment des circonstances extérieures. En nous concentrant sur ce qui est sous notre contrôle - nos pensées, nos actions et nos attitudes - nous pouvons cultiver un but et un sens qui transcendent le vide existentiel. Pratiquer la gratitude, embrasser la vertu et rechercher l'eudaimonia (l'épanouissement) sont autant de moyens par lesquels le stoïcisme peut nous aider à naviguer et à conquérir nos ombres existentielles.

En outre, le travail de l'ombre nous encourage à reconnaître et à intégrer les ombres existentielles qui sont en nous. Au lieu de supprimer ou de nier ces peurs, nous pouvons apprendre à les accueillir comme des éléments naturels de l'expérience humaine. En reconnaissant nos ombres existentielles, nous pouvons consciemment et intentionnellement nous engager avec elles, ce qui nous permet de transformer nos peurs en sources de sagesse et de croissance. Ce processus d'intégration nous permet de trouver un sentiment de paix et d'acceptation plus profond au milieu des incertitudes existentielles de la vie.

En outre, pour affronter et surmonter les ombres existentielles, il faut cultiver la résilience et la force mentale. Les principes stoïciens qui consistent à faire face à l'adversité avec courage et résilience peuvent être appliqués à nos luttes existentielles. En reconnaissant la nature éphémère de la vie et en acceptant les incertitudes inévitables, nous pouvons développer une force intérieure et une résilience qui nous permettent d'affronter nos ombres existentielles avec courage.

En intégrant les connaissances du stoïcisme et du travail de l'ombre, nous pouvons entreprendre un voyage transformateur pour surmonter nos ombres existentielles et découvrir un but et un sens plus profonds à notre vie. Ce voyage exige une volonté de s'engager avec nos peurs et nos incertitudes, un engagement à vivre en accord avec nos valeurs et nos vertus, et la culture de la résilience face aux défis existentiels de la vie. En embrassant ce voyage avec un cœur ouvert et un état d'esprit stoïque, nous pouvons transcender nos ombres existentielles et trouver un plus grand sentiment de paix et d'épanouissement dans notre vie.

MISE EN PRATIQUE

(1) Se livrer à une réflexion et à une introspection approfondies Exemple : Prenez le temps, chaque jour, de tenir un journal et de réfléchir à vos croyances, à vos valeurs et aux peurs qui entourent votre existence. Identifiez les schémas ou les thèmes récurrents qui peuvent contribuer à vos ombres existentielles. Notez vos pensées et vos sentiments afin de mieux vous connaître et d'entamer le processus de dépassement de ces ombres.

(2) Adoptez la philosophie stoïcienne et concentrez-vous sur ce que vous pouvez contrôler Exemple : Lorsque vous êtes confronté à des questions existentielles ou à des incertitudes, rappelez-vous de vous concentrer sur ce que vous pouvez contrôler : vos pensées, vos actions et vos attitudes. Au lieu de vous laisser submerger par la situation dans son ensemble, décomposez-la en actions plus petites

qui correspondent à vos valeurs et à vos vertus. Par exemple, si vous vous interrogez sur le sens de la vie, concentrez-vous sur la gentillesse et la compassion envers les autres dans vos interactions quotidiennes.

(3) Pratiquer la gratitude et rechercher l'eudaimonia (épanouissement) Exemple : Chaque jour, prenez quelques instants pour réfléchir aux choses dont vous êtes reconnaissant dans votre vie. Notez-les ou partagez-les avec un proche. Cette pratique peut vous aider à passer des questions existentielles à l'appréciation du moment présent. En outre, faites un effort conscient pour poursuivre des activités et des expériences qui vous apportent de la joie et de l'épanouissement, contribuant ainsi à votre eudaimonia globale.

(4) Reconnaître et intégrer ses ombres existentielles Exemple : Au lieu d'étouffer ou de nier vos peurs et vos insécurités, reconnaissez-les ouvertement et explorez-les. Engagez des conversations avec des amis de confiance ou demandez l'aide d'un thérapeute ou d'un coach pour vous aider à gérer ces zones d'ombre. En les acceptant et en les intégrant comme une partie naturelle de votre expérience humaine, vous pouvez les transformer en sources de sagesse et de croissance personnelle.

(5) Cultiver la résilience et la résistance mentale Exemple : Lorsque vous êtes confronté à des défis existentiels, rappelez-vous la nature éphémère de la vie et l'inévitabilité de l'incertitude. Pratiquez la résilience en recherchant des opportunités de développement et d'épanouissement personnel. Fixez-vous de petits objectifs qui vous obligent à sortir de votre zone de confort, afin de développer progressivement votre résistance mentale et votre capacité à affronter vos ombres existentielles avec force et courage.

(6) Embrasser le voyage de transformation Exemple : Abordez votre parcours de dépassement des ombres existentielles avec un cœur ouvert et un état d'esprit stoïque. Acceptez l'inconfort et l'incertitude qui accompagnent l'auto-réflexion et le développement personnel. Considérez-les comme une occasion de trouver un but et un sens plus profonds à votre vie. Restez engagé à vivre en accord avec vos valeurs et vos vertus, et rappelez-vous que le processus lui-même est une partie importante du voyage vers la paix et l'épanouissement.

8.5. INTÉGRER LES ASPECTS DE L'OMBRE DE L'OBJECTIF ET DU SENS

Le processus d'intégration des aspects occultes de l'objectif et du sens joue un rôle crucial dans notre parcours de découverte de soi et de développement personnel. Alors que beaucoup d'entre nous sont encouragés à chercher le but et le sens de leur vie, nous négligeons souvent les défis cachés qui accompagnent cette quête. Ces défis peuvent inclure des sentiments d'absence de but, de désespoir existentiel ou une peur profondément enracinée de ne pas réussir à atteindre notre objectif. Dans la philosophie du stoïcisme et du travail de l'ombre, il est essentiel de reconnaître et d'embrasser ces aspects de l'ombre afin de trouver  l'épanouissement et l'authenticité dans notre vie.

Pour vraiment comprendre et intégrer les aspects obscurs de l'objectif et du sens, il est important de s'engager dans une réflexion et une introspection profondes. Cela implique d'explorer les peurs et les insécurités sous-jacentes qui peuvent entraver notre capacité à poursuivre notre objectif avec clarté et conviction. En adoptant le principe stoïque de la conscience de soi et en reconnaissant ces aspects obscurs, nous pouvons commencer à démêler les causes profondes de nos luttes existentielles et travailler à les résoudre.

En outre, l'intégration des aspects obscurs du but et du sens nous oblige à affronter les parties reniées ou réprimées de nous-mêmes qui peuvent nous empêcher de réaliser notre véritable but. Cela peut impliquer de reconnaître et d'accepter des sentiments de doute de soi, d'indignité ou de conflit intérieur qui ont été enfouis dans notre inconscient. En incarnant des vertus stoïques telles que le courage et la tempérance, nous pouvons naviguer dans ces aspects obscurs avec résilience et gentillesse, ce qui conduit finalement à une vie plus authentique et plus motivée.

La pratique de l'auto-compassion et du pardon est également cruciale pour intégrer les aspects obscurs de l'objectif et du sens. Souvent, nous avons des croyances autocritiques ou des regrets qui pèsent lourdement sur notre capacité à poursuivre notre objectif avec clarté et confiance. En cultivant l'autocompassion et en apprenant à nous pardonner nos erreurs passées ou nos lacunes perçues, nous pouvons nous libérer des fardeaux émotionnels qui entravent notre quête de sens et de raison d'être.

En outre, l'intégration des aspects fantômes du but et du sens nous oblige à reconnaître la dualité inhérente à l'existence humaine. Le principe stoïque de la dichotomie du contrôle nous apprend à accepter que tout n'est pas sous notre contrôle et que la recherche d'un but et d'un sens peut également impliquer d'accepter les luttes et les incertitudes qui l'accompagnent. En reconnaissant et en acceptant les aspects obscurs du but, nous pouvons développer une perspective plus holistique et plus équilibrée, ce qui nous permet de mieux comprendre les complexités de l'expérience humaine.

L'intégration des aspects obscurs du but et du sens de la vie est un processus de transformation qui exige du courage, de la conscience de soi et de la compassion. En plongeant dans les profondeurs de notre psyché et en reconnaissant les aspects de l'ombre qui peuvent entraver notre quête de but et de sens, nous pouvons cultiver une vie plus authentique et plus épanouissante. En adoptant des principes stoïques tels que l'autoréflexion, la résilience et l'acceptation, nous pouvons naviguer dans les complexités de notre monde intérieur, ce qui conduit finalement à une intégration harmonieuse de notre but et de notre sens.

MISE EN PRATIQUE

(1) S'engager dans une réflexion et une introspection approfondies pour explorer les peurs et les insécurités sous-jacentes qui entravent la poursuite d'un but et d'un sens. Exemple : Prenez 15 minutes par jour pour vous asseoir dans une contemplation tranquille et tenir un journal sur les peurs et les insécurités qui vous empêchent de poursuivre votre véritable objectif. Cette pratique quotidienne vous

aidera à clarifier et à prendre conscience de ces aspects obscurs, ce qui vous permettra de les résoudre.

(2) Confronter et embrasser les parties de soi reniées ou réprimées qui peuvent entraver la réalisation de son véritable objectif. Exemple : Suivez un atelier ou assistez à des séances de thérapie axées sur le travail de l'ombre afin d'explorer et de confronter les aspects de vous-même que vous avez évités ou réprimés. En faisant face à ces conflits intérieurs ou à ces sentiments de doute, vous pouvez commencer à les intégrer dans votre perception de vous-même et les utiliser comme catalyseurs de votre croissance personnelle.

(3) Cultiver l'auto-compassion et le pardon envers soi-même pour les erreurs passées ou les lacunes perçues. Exemple : Écrivez une lettre de pardon à vous-même, en abordant les erreurs ou les regrets que vous pouvez avoir. Offrez-vous le pardon et la compréhension, en reconnaissant que tout le monde commet des erreurs et que ces expériences ont façonné la personne que vous êtes aujourd'hui. Pratiquez l'autocompassion en vous traitant avec gentillesse et compréhension alors que vous poursuivez votre voyage vers un but et un sens.

(4) Accepter la dualité inhérente à l'existence humaine et accepter les luttes et les incertitudes qui accompagnent la recherche d'un but et d'un sens. Exemple : Créez un mantra ou une affirmation qui vous rappelle d'accepter les hauts et les bas de la vie, en sachant qu'ils font tous partie du voyage vers le but et le sens. Répétez ce mantra tous les jours pour vous rappeler d'accepter et de relever les défis et les incertitudes qui se présentent à vous, en sachant qu'ils sont des éléments essentiels de votre croissance et de votre développement personnels.

(5) Appliquer les vertus stoïques telles que le courage et la tempérance pour naviguer dans les aspects sombres avec résilience et compassion. Exemple : Lorsque vous êtes confronté à une situation difficile ou à un conflit intérieur lié à votre quête d'un but et d'un sens, respirez profondément et rappelez-vous que vous devez l'aborder avec courage et retenue. Entraînez-vous à répondre à ces défis avec résilience et compassion, en vous permettant d'apprendre et de grandir à partir d'eux plutôt que d'être vaincu par eux.

9. Cultiver la gratitude : Joie stoïque et reconnaissance de l'ombre

9.1. LA GRATITUDE, UNE PRATIQUE STOÏCIENNE

La gratitude est un élément essentiel du stoïcisme, un outil puissant pour nourrir le contentement et la résilience face aux défis de la vie. En tant que pratique stoïcienne, elle nous encourage à reconnaître et à apprécier les innombrables bénédictions de notre vie, quelles que soient les circonstances dans lesquelles nous nous trouvons. En adoptant la gratitude comme habitude quotidienne, nous pouvons déplacer notre attention de ce qui nous manque vers ce que nous avons déjà, ce qui favorise un sentiment d'abondance et d'épanouissement.

Dans la philosophie stoïcienne, la pratique de la gratitude découle de la compréhension de la nature impermanente de toutes les choses. En reconnaissant la qualité éphémère de la vie, les stoïciens reconnaissent l'importance de chérir le moment présent et d'exprimer de la gratitude pour les opportunités et les relations qui enrichissent notre vie. Cet état d'esprit nous permet d'apprécier profondément les joies et les expériences simples

qui nous apportent bonheur et sens.

Pratiquer la gratitude en tant que stoïcien implique d'adopter un état d'esprit de reconnaissance pour les aspects positifs et négatifs de la vie. Les stoïciens comprennent que chaque expérience, qu'elle soit agréable ou difficile, offre une opportunité de croissance et d'apprentissage. En adoptant la gratitude pour l'adversité, nous pouvons changer notre perspective et reconnaître le potentiel de résilience et de sagesse qui découle du fait de surmonter les difficultés.

La gratitude stoïcienne met également l'accent sur la valeur de l'interconnexion de toutes les choses. En reconnaissant les contributions des autres à notre bien-être, nous pouvons cultiver l'humilité et le sens de l'interconnexion. Cette reconnaissance du soutien et de la gentillesse des autres nous permet d'apprécier davantage les relations et la communauté qui enrichissent notre vie, renforçant ainsi les valeurs stoïciennes de responsabilité sociale et de compassion.

Dans le contexte du travail de l'ombre, la pratique de la gratitude constitue un outil puissant pour reconnaître et intégrer les aspects sombres de nos expériences. En embrassant la gratitude pour tout le spectre des émotions et des expériences, nous pouvons affronter et accepter les éléments d'ombre de notre psyché avec compassion et compréhension. Ce processus facilite un sentiment plus profond d'acceptation de soi et de plénitude, nous permettant d'intégrer notre ombre avec gratitude pour les leçons et les enseignements tirés de nos expériences les plus sombres.

Pour intégrer la gratitude stoïcienne dans notre vie quotidienne, nous pouvons nous engager dans des pratiques telles que tenir un journal de gratitude, réfléchir aux aspects positifs de notre journée, exprimer notre appréciation aux autres et cultiver un état d'esprit de gratitude pour les plaisirs simples de la vie. En faisant de la gratitude une habitude quotidienne, nous pouvons recadrer notre perspective et cultiver un sentiment de paix et de satisfaction au milieu des hauts et des bas de la vie.

La pratique de la gratitude en tant que stoïcien offre de profonds avantages aux personnes qui cherchent à cultiver la résilience, le contentement et le sens du but dans leur vie. En adoptant la gratitude comme un aspect fondamental de la philosophie stoïcienne, nous pouvons nous concentrer sur l'appréciation de l'abondance et de la richesse de nos expériences, ce qui favorise un sens plus profond de la connexion, de la résilience et de la gratitude pour le voyage de la découverte de soi.

MISE EN PRATIQUE

(1) Tenez un journal de gratitude : Prenez quelques minutes par jour pour noter les choses dont vous êtes reconnaissant. Il peut s'agir d'un repas délicieux, d'un geste aimable d'un ami ou d'une journée ensoleillée. En pratiquant régulièrement la gratitude, vous pouvez vous concentrer sur les aspects positifs de votre vie et cultiver un sentiment d'abondance et de satisfaction. Exemple : Chaque soir, avant de vous coucher, prenez votre journal de gratitude et écrivez trois choses dont vous êtes reconnaissant pour la journée. Il peut s'agir de quelque chose d'aussi insignifiant qu'une tasse de café chaude le matin, un compliment d'un collègue de travail ou un moment passé avec votre animal de compagnie. En réfléchissant à ces moments de gratitude, vous pouvez terminer votre journée sur une note positive et favoriser un état d'esprit d'appréciation.

(2) Exprimez votre reconnaissance aux autres : Prenez le temps d'exprimer votre gratitude aux personnes de votre entourage qui ont eu un impact positif. Il peut s'agir d'un simple mot de remerciement, d'une conversation sincère ou d'un petit geste de gentillesse à leur égard. En reconnaissant et en appréciant les contributions des autres, vous pouvez renforcer vos relations et cultiver un sentiment d'interdépendance. Exemple : Tendez la main à un ami proche ou à un membre de votre famille et faites-lui savoir à quel point vous appréciez son soutien et sa présence dans votre vie. Vous pouvez lui écrire une lettre exprimant votre gratitude, lui téléphoner pour le remercier explicitement de sa gentillesse ou lui faire la surprise d'un petit cadeau en signe de reconnaissance. En exprimant votre gratitude, non seulement vous leur donnez le sentiment d'être appréciés, mais vous approfondissez également votre propre sentiment de gratitude pour leur présence dans votre vie.

(3) Cultivez un état d'esprit de reconnaissance : Abordez chaque journée dans un état d'esprit de reconnaissance pour les plaisirs et les

expériences simples qui apportent de la joie et un sens à votre vie. Remarquez la beauté de la nature, savourez le goût d'un repas délicieux ou prenez un moment pour apprécier une œuvre d'art captivante. En pratiquant consciemment la reconnaissance, vous pouvez changer votre perspective et trouver la joie dans le moment présent. Exemple : Au cours de votre journée, faites un effort conscient pour remarquer et apprécier les petits moments de beauté et de joie qui vous entourent. Il peut s'agir d'admirer une fleur épanouie lors de votre promenade matinale, de prendre un moment pour savourer l'arôme et le goût de votre plat préféré, ou de vous arrêter pour apprécier un magnifique coucher de soleil. En cultivant activement un état d'esprit de reconnaissance, vous pouvez améliorer vos expériences quotidiennes et développer un plus grand sentiment de gratitude.

9.2. APPRÉCIER LES PLAISIRS SIMPLES DE LA VIE

Dans notre monde rapide et souvent chaotique, il est facile de négliger les petites joies simples que la vie a à offrir. Mais en adoptant les principes du stoïcisme et du travail de l'ombre, nous pouvons trouver le contentement et la joie dans le moment présent, indépendamment de ce qui se passe autour de nous. Lorsque nous apprenons à apprécier les plaisirs simples de la vie, nous cultivons un sentiment de gratitude et de plénitude qui peut nous soutenir même dans les moments les plus difficiles.

La première étape pour profiter des plaisirs simples de la vie est de pratiquer la pleine conscience. Il s'agit de ralentir et de s'immerger pleinement dans le moment présent, au lieu de toujours se concentrer sur la prochaine étape de notre liste de choses à faire. Qu'il s'agisse de savourer un délicieux repas, de se promener tranquillement dans la nature ou de passer du temps avec ses proches, la pleine conscience nous permet de nous engager véritablement dans l'expérience et de trouver de la joie dans les petites choses.

La gratitude est également essentielle pour apprécier les plaisirs simples de la vie. C'est un principe fondamental du stoïcisme et un élément clé du travail de l'ombre. En reconnaissant et en exprimant consciemment notre gratitude pour les choses que nous tenons souvent pour acquises – comme la nourriture, le logement, la santé et la beauté du monde naturel – nous détournons notre attention de ce qui nous manque et la tournons vers l'abondance qui nous entoure.

En outre, apprécier les plaisirs simples de la vie signifie abandonner la recherche constante de possessions matérielles et de validation extérieure. La philosophie stoïcienne nous enseigne que le vrai bonheur vient de l'intérieur, et non des possessions matérielles ou du statut social. Le travail de l'ombre nous aide à identifier et à traiter tout attachement ou modèle de comportement malsain qui pourrait nous empêcher d'éprouver un contentement et un épanouissement authentiques.

Par exemple, prenez un moment pour penser à la chaleur qui emplit votre cœur lorsque vous sirotez une tasse de thé chaud par une journée fraîche ou à la paix qui vous envahit lorsque vous regardez un coucher de soleil à couper le souffle. Ce sont des plaisirs simples qui peuvent apporter un immense bonheur si nous nous arrêtons pour les remarquer et les apprécier. En  intégrant ces moments de joie dans notre vie quotidienne, nous changeons progressivement notre perspective pour la rendre plus positive et plus épanouissante.

Enfin, l'adoption du concept d'eudaimonia – terme grec ancien signifiant "épanouissement humain" ou "bien-être" – fait également partie de l'appréciation des plaisirs simples de la vie. Ce concept philosophique s'aligne sur l'idée du stoïcisme de vivre en harmonie avec la nature et de réaliser notre potentiel en tant qu'êtres humains. Lorsque nous trouvons de la joie et du contentement dans les petits plaisirs de la vie, nous cultivons notre propre bien-être et nous nous épanouissons, quelles que soient les circonstances extérieures.

Apprendre à apprécier les plaisirs simples de la vie est un aspect crucial du stoïcisme et du travail de l'ombre. En cultivant la pleine conscience, en pratiquant la gratitude, en abandonnant les attachements malsains et en adoptant le concept d'eudaimonia, nous pouvons trouver un bonheur et un épanouissement authentiques dans le moment présent. Cela enrichit non seulement notre propre vie, mais nous permet également d'être plus présents et plus compatissants envers les autres, créant ainsi un effet d'entraînement de positivité et de bien-être dans le monde qui nous entoure.

MISE EN PRATIQUE

(1) Cultiver la pleine conscience pour s'engager pleinement dans l'expérience et trouver la joie dans le moment présent. Exemple : Prenez quelques minutes chaque jour pour vous asseoir tranquillement et vous concentrer sur votre respiration, en vous laissant pleinement imprégner par les sensations et les pensées qui surgissent. Cette pratique peut vous aider à développer un plus grand sens de la présence et à apprécier les petits moments de joie de votre vie quotidienne.

(2) Pratiquez la gratitude en reconnaissant et en exprimant consciemment votre appréciation pour les choses que vous considérez souvent comme acquises. Exemple : Tenez un journal de gratitude et écrivez chaque jour trois choses pour lesquelles vous êtes reconnaissant. Ce simple exercice peut vous permettre de vous concentrer sur l'abondance de votre vie et d'accroître votre sentiment général d'épanouissement et de satisfaction.

(3) Laissez tomber la recherche constante de la richesse matérielle et de la validation externe, et concentrez-vous sur l'état d'esprit interne et la recherche de la joie dans le moment présent. Exemple : Au lieu de rechercher constamment le prochain gros achat ou la validation des autres, prenez le temps de réfléchir à ce qui vous apporte vraiment du bonheur et de l'épanouissement. Participez à des activités qui correspondent à vos valeurs et vous procurent une joie authentique, qu'il s'agisse de passer du temps avec vos proches, de pratiquer un passe-temps ou d'explorer la nature.

(4) Adoptez le concept d'eudaimonie en alignant vos actions sur votre potentiel d'épanouissement et de bien-être. Exemple : Fixez

des objectifs et des intentions clairs qui correspondent à vos valeurs et vous aident à réaliser votre plein potentiel. Concentrez-vous sur votre développement personnel dans les domaines qui vous apportent un véritable épanouissement, qu'il s'agisse d'améliorer vos relations, d'acquérir de nouvelles compétences ou d'entretenir votre bien-être physique et mental.

(5) Intégrez de petits moments de joie dans votre vie quotidienne pour cultiver une attitude plus positive et plus épanouissante. Exemple : Prenez quelques minutes par jour pour vous adonner à une activité qui vous procure de la joie, qu'il s'agisse d'écouter votre musique préférée, de pratiquer un passe-temps ou de savourer une tasse de thé. En intégrant intentionnellement ces moments de joie dans votre routine, vous pouvez progressivement changer de perspective et adopter un point de vue plus positif et plus épanouissant sur la vie.

9.3. LA GRATITUDE FACE AUX DÉFIS

La gratitude est un concept profond qui a un effet profond sur notre capacité à traverser les périodes difficiles avec résilience et force. Dans le contexte du stoïcisme et du travail de l'ombre, la pratique de la gratitude pendant les périodes d'adversité peut entraîner une transformation profonde.

Lorsque nous rencontrons des difficultés, il est naturel que nous nous concentrions sur ce qui ne va pas ou sur les obstacles qui se dressent sur notre chemin. Cependant, en cultivant un état d'esprit de gratitude, nous pouvons changer notre perspective et découvrir des opportunités de croissance et d'apprentissage, même au milieu des difficultés.

L'une des façons de pratiquer la gratitude face aux défis consiste à rechercher intentionnellement les bons côtés ou les bénédictions cachées dans les situations difficiles. Il peut s'agir simplement de reconnaître les leçons que nous apprenons, la force que nous développons ou le soutien que nous recevons des autres. En nous concentrant sur ces aspects, nous pouvons cultiver un sentiment d'appréciation de la manière dont les défis contribuent à notre développement personnel.

En outre, exprimer sa gratitude pour les choses que nous tenons souvent pour acquises peut avoir un impact particulièrement puissant dans les moments difficiles. Il peut s'agir de reconnaître le soutien de nos amis et de notre famille, le toit au-dessus de nos têtes ou la nourriture sur nos tables. En reconnaissant consciemment l'abondance qui existe déjà dans notre vie, nous pouvons détourner notre attention de la pénurie et de la peur pour la porter vers un sentiment d'abondance et de résilience.

Pratiquer la gratitude face aux défis implique également de recadrer notre état d'esprit pour nous concentrer sur ce qui est sous notre contrôle, plutôt que de ruminer sur ce qui ne l'est pas. Cela nous permet d'orienter notre attention vers les mesures proactives que nous pouvons prendre, les ressources que nous pouvons utiliser et le soutien que nous pouvons rechercher, plutôt que de nous sentir dépassés par les choses qui échappent à notre influence immédiate.

En outre, l'intégration des aspects obscurs de la gratitude pendant les périodes difficiles peut être l'occasion d'une réflexion et d'une croissance personnelles plus profondes. Il s'agit de reconnaître et d'aborder les sentiments sous-jacents de droit, de victime ou d'amertume qui peuvent être présents, et de travailler à la libération de ces émotions négatives. Ce faisant, nous pouvons nous ouvrir à une expérience plus authentique de la gratitude, dépourvue de l'influence de notre moi obscur.

Pratiquer la gratitude face aux défis ne consiste pas à nier les difficultés auxquelles nous sommes confrontés, mais plutôt à reconnaître notre capacité à trouver la force, la résilience et même des moments de joie au milieu de la lutte. Il s'agit d'adopter un état d'esprit d'abondance, même lorsque la pénurie semble prévaloir, et de reconnaître que la gratitude a le pouvoir de transformer notre expérience de l'adversité.

En intégrant les principes du stoïcisme et du travail de l'ombre dans notre pratique de la gratitude, nous pouvons cultiver un sentiment de gratitude plus profond et plus résistant qui transcende la nature temporaire de nos défis. Cela peut conduire à un plus grand bien-être émotionnel, à une plus grande clarté mentale et à un sens renforcé de l'objectif, même face aux circonstances les plus ardues de la vie.

MISE EN PRATIQUE

(1) Cultivez un état d'esprit de gratitude pendant les périodes difficiles en recherchant intentionnellement les bons côtés ou les bénédictions cachées. Exemple : Au milieu d'une pandémie mondiale, reconnaissez la possibilité de passer plus de temps avec votre famille et de vous adonner à des passe-temps ou à des activités de développement personnel.

(2) Exprimez votre gratitude pour les choses souvent considérées comme acquises, telles que le soutien de vos amis et de votre famille, le toit au-dessus de votre tête ou la nourriture sur votre table. Exemple : Prenez un moment chaque jour pour remercier un ami proche ou un membre de votre famille pour l'amour et le soutien qu'il vous apporte.

(3) Recadrer l'état d'esprit pour se concentrer sur ce qui est sous notre contrôle et prendre des mesures proactives pour relever les défis. Exemple : Au lieu de se focaliser sur l'impact incontrôlable d'une situation difficile, se concentrer sur l'élaboration d'un plan d'action pour surmonter des obstacles spécifiques.

(4) Intégrer les aspects obscurs de la gratitude en reconnaissant et en traitant les sentiments de droit, de victime ou d'amertume. Exemple : Réfléchir aux sentiments de droit aux possessions matérielles et s'efforcer d'apprécier la valeur intrinsèque des expériences et des relations non matérielles.

(5) Accepter la capacité de trouver la force, la résilience et les moments de joie au milieu de la lutte, sans nier les difficultés rencontrées. Exemple : Reconnaître l'épanouissement personnel et l'augmentation de la résilience après avoir surmonté une situation difficile, tout en reconnaissant les difficultés inhérentes à l'expérience.

(6) Incorporez les principes du stoïcisme et du travail de l'ombre dans la pratique de la gratitude afin de cultiver un sentiment de gratitude plus profond et plus résistant. Exemple : Explorer les principes philosophiques stoïciens pour développer un état d'esprit axé sur l'acceptation et la gratitude dans l'adversité, en reconnaissant l'impermanence des défis.

9.4. RECONNAÎTRE LES ASPECTS OBSCURS DE LA GRATITUDE

La gratitude est généralement considérée comme une pratique positive et édifiante qui apporte joie et satisfaction dans nos vies. Cependant, en y regardant de plus près, nous découvrons qu'il existe également des aspects cachés de la gratitude qui méritent d'être reconnus et intégrés. Dans ce chapitre, nous explorerons les aspects moins connus de la gratitude et nous verrons comment le fait d'embrasser ces zones d'ombre peut conduire à une expérience plus authentique et plus complète de la gratitude.

L'un des aspects obscurs de la gratitude est la tendance à supprimer ou à nier les émotions négatives dans le but d'être reconnaissant. Il est naturel que les individus se sentent coupables d'éprouver des émotions négatives alors qu'ils pensent qu'ils devraient être reconnaissants de ce qu'ils ont. Ce conflit interne peut entraîner des dissonances et des troubles intérieurs. En reconnaissant et en acceptant que les émotions négatives font partie intégrante de l'être humain, nous pouvons favoriser un sentiment de gratitude plus équilibré et plus authentique.

Un autre aspect sombre de la gratitude est la tendance à l'utiliser comme un moyen de contourner ou d'ignorer la souffrance et la douleur authentiques. Lorsqu'elles sont confrontées à des circonstances difficiles, certaines personnes peuvent se forcer à trouver une raison d'être reconnaissantes afin d'éviter d'affronter la véritable profondeur de leurs émotions. Cependant, la véritable gratitude naît d'un lieu d'authenticité et d'honnêteté. En nous autorisant à vivre et à traiter pleinement notre douleur et notre souffrance, nous pouvons cultiver un sentiment de gratitude plus profond pour la résilience et la force qui découlent de ces expériences difficiles.

En outre, la gratitude comporte une part d'ombre liée à la comparaison et à la concurrence. Il est fréquent que les gens comparent leur vie à celle des autres et éprouvent un sentiment de droit ou de ressentiment lorsqu'ils perçoivent que d'autres ont plus de raisons d'être reconnaissants. Cette comparaison peut conduire à une compréhension déformée et superficielle de la gratitude. En reconnaissant et en traitant les sentiments d'envie ou d'insuffisance, nous pouvons favoriser un sentiment de gratitude plus authentique et plus inclusif, qui dépasse la comparaison et la compétition.

Enfin, la gratitude comporte une part d'ombre, celle de la complaisance et de la passivité. Parfois, les individus utilisent la gratitude comme un moyen d'éviter d'agir ou d'apporter les changements nécessaires dans leur vie. Ils peuvent se convaincre qu'ils devraient être reconnaissants de ce qu'ils ont et, par conséquent, éviter de s'efforcer d'obtenir davantage. Cette attitude peut entraver la croissance et le développement personnels. En reconnaissant et en remettant en question cette complaisance, nous pouvons intégrer la gratitude d'une manière qui nous motive à poursuivre nos aspirations tout en appréciant ce que nous possédons déjà.

En reconnaissant ces aspects obscurs de la gratitude, nous pouvons cultiver une compréhension plus complète et plus mûre de la gratitude. En embrassant toute la gamme de nos émotions et de nos expériences, nous pouvons aborder la gratitude avec authenticité, compassion et profondeur. Cette approche intégrée de la gratitude peut conduire à une vie plus résiliente et plus épanouie, où nous apprécions à la fois la lumière et les ombres qui composent la tapisserie complexe de l'existence humaine.

MISE EN PRATIQUE

(1) Reconnaître et accepter les émotions négatives comme faisant naturellement partie de l'expérience humaine, même lorsque l'on

pratique la gratitude. Exemple : Au lieu de vous sentir coupable d'éprouver des émotions négatives lorsque vous pratiquez la gratitude, reconnaissez qu'il est normal d'éprouver des sentiments contradictoires et permettez-vous de vivre et d'exprimer pleinement ces émotions. Par exemple, si vous êtes reconnaissant pour votre travail mais également frustré par un projet difficile, reconnaissez et acceptez les deux émotions sans porter de jugement.

(2) Autorisez-vous à vivre et à traiter pleinement la douleur et la souffrance, plutôt que de les contourner ou de les ignorer au nom de la gratitude. Exemple : Au lieu d'essayer de trouver une raison d'être reconnaissant dans une situation difficile, permettez-vous de ressentir et d'assimiler pleinement la douleur ou la souffrance. Par exemple, si vous avez subi une perte, donnez-vous le temps de faire votre deuil et de reconnaître la profondeur de vos émotions, ce qui peut finalement conduire à un sentiment de gratitude plus profond pour la résilience et la force qui émergent de la traversée d'expériences difficiles.

(3) Abordez et remettez en question les sentiments d'envie ou d'inadéquation lorsque vous comparez votre vie à celle des autres, afin de cultiver un sentiment de gratitude authentique et inclusif. Exemple : Au lieu d'en vouloir aux autres pour ce qu'ils ont ou de vous sentir inadéquat par rapport à eux, concentrez-vous sur l'appréciation et la célébration de leurs réussites. Par exemple, si un ami franchit une étape importante, félicitez-le et réfléchissez à la manière dont sa réussite ajoute de la valeur à votre propre parcours, renforçant ainsi votre sentiment de gratitude pour les relations et les étapes importantes de votre propre vie.

(4) Remettez en cause la complaisance et la passivité en utilisant la gratitude comme motivation pour le développement et l'épanouissement personnel. Exemple : Au lieu d'utiliser la gratitude comme une excuse pour ne pas faire plus d'efforts, utilisez-la comme un tremplin pour poursuivre vos aspirations tout en appréciant ce que vous avez déjà. Par exemple, si vous êtes reconnaissant pour votre emploi actuel mais que vous aspirez à progresser dans votre carrière, laissez la gratitude alimenter votre motivation à rechercher

des opportunités de croissance et de développement, tout en continuant à apprécier le moment présent.

(5) Aborder la gratitude avec authenticité, compassion et profondeur en embrassant toute la gamme des émotions et des expériences. Exemple : Au lieu de vous concentrer uniquement sur les aspects positifs de la gratitude, reconnaissez et appréciez à la fois la lumière et l'ombre dans votre vie. Par exemple, réfléchissez à la manière dont les moments d'adversité ou les défis ont contribué à votre développement personnel et appréciez la profondeur et la richesse qu'ils ont ajoutées à votre expérience globale de la gratitude.

9.5. CULTIVER UNE JOIE DURABLE GRÂCE À LA GRATITUDE

Cultiver un sentiment de joie durable grâce à la gratitude est un aspect fondamental du stoïcisme et du travail de l'ombre. La pratique de la gratitude nous permet de déplacer notre attention de ce qui nous manque dans notre vie vers l'abondance qui nous entoure. Le stoïcisme, d'une part, nous apprend à trouver le contentement dans le moment présent, tandis que le travail de l'ombre nous encourage à reconnaître et à apprécier même les plus petites victoires et bénédictions qui se présentent à nous.

Pour cultiver une joie durable grâce à la gratitude, une approche efficace consiste à mettre en place une pratique quotidienne de la gratitude. Il peut s'agir simplement de prendre quelques instants chaque jour pour réfléchir aux choses pour lesquelles nous sommes reconnaissants. Il peut s'agir de notre santé, du soutien de nos proches, d'un magnifique coucher de soleil ou peut-être simplement d'une tasse de thé réconfortante. En reconnaissant et en appréciant constamment ces bienfaits, nous entraînons notre esprit à se concentrer sur les aspects positifs de notre vie. Ce changement de perspective conduit en fin de compte à un plus grand sentiment de joie et d'épanouissement.

En outre, intégrer la gratitude dans notre vie signifie reconnaître que même face aux défis et aux épreuves, il y a toujours des choses pour lesquelles il faut être reconnaissant. Il ne s'agit pas d'ignorer ou de minimiser les difficultés que nous pouvons rencontrer, mais plutôt de reconnaître qu'il y a encore des moments de joie et de beauté au milieu des luttes. En embrassant les aspects obscurs de la gratitude, nous pouvons cultiver une appréciation plus profonde et plus authentique de la richesse de la vie, même au milieu de l'adversité.

En outre, la pratique de la gratitude dans les moments difficiles peut nous aider à développer notre résistance et notre force intérieures. Lorsque nous reconnaissons les choses pour lesquelles nous sommes reconnaissants, même dans les moments difficiles, nous sommes mieux équipés pour trouver un sentiment de paix et de stabilité en nous-mêmes. Il ne s'agit pas de nier ou de supprimer les émotions négatives qui surgissent dans les moments difficiles, mais plutôt de trouver un équilibre entre la reconnaissance des défis et celle des aspects positifs de notre vie.

En outre, la gratitude peut favoriser un sentiment d'interconnexion avec les autres et le monde qui nous entoure. Lorsque nous exprimons de la gratitude pour les personnes qui nous soutiennent et prennent soin de nous, pour la beauté de notre environnement naturel ou pour les plaisirs simples de la vie, nous développons un plus grand sens de la compassion et de l'empathie. Cela conduit à son tour à des relations plus profondes et plus significatives, ainsi qu'à un lien plus fort avec le monde dans son ensemble.

Cultiver une joie durable grâce à la gratitude est une pratique permanente qui nécessite des efforts et une intention constants. En combinant les principes du stoïcisme, tels que le contentement et l'acceptation, avec les connaissances acquises grâce au travail de l'ombre, nous pouvons développer un sentiment de joie profond et durable qui ne dépend pas des circonstances extérieures. Cela nous permet de trouver la paix et l'épanouissement dans le moment présent, tout en continuant à relever les défis et les complexités de la vie.

En cultivant la gratitude et en reconnaissant ses zones d'ombre, nous pouvons découvrir une joie et un contentement durables dans notre vie. Cela conduit à une plus grande résilience, à un sens plus profond de la connexion avec les autres et à une appréciation plus profonde de la beauté et de l'abondance du monde qui nous entoure. En intégrant la gratitude dans notre vie quotidienne, nous pouvons continuer sur la voie du développement personnel et de la découverte de soi avec un sentiment de paix et d'épanouissement intérieur.

MISE EN PRATIQUE

(1) Mettez en place une pratique quotidienne de la gratitude : Prenez quelques instants chaque jour pour réfléchir aux choses dont vous êtes reconnaissant, comme votre santé, le soutien de vos proches, un beau coucher de soleil ou une tasse de thé bien chaude. En reconnaissant systématiquement ces bienfaits, vous entraînez votre esprit à se concentrer sur les aspects positifs de votre vie. Exemple : Chaque matin, prenez cinq minutes pour noter trois choses dont vous êtes reconnaissant. Il peut s'agir de quelque chose d'aussi simple qu'un lit confortable, un petit-déjeuner sain ou une conversation agréable avec un ami. En commençant votre journée par la gratitude, vous donnez un ton positif au reste de la journée.

(2) Adopter la gratitude face aux défis : Reconnaître que même dans les moments difficiles, il y a toujours des moments de joie et de beauté pour lesquels il faut être reconnaissant. Il ne s'agit pas d'ignorer ou de minimiser les difficultés, mais plutôt de trouver un équilibre entre la reconnaissance des luttes et la reconnaissance des aspects positifs. Exemple : Si vous traversez une période difficile au travail, prenez un moment chaque jour pour reconnaître un aspect positif de votre travail. Il peut s'agir des compétences que vous apprenez, des possibilités de développement personnel ou du soutien de vos collègues. En trouvant de la gratitude même dans l'adversité, vous pouvez changer de perspective et trouver la force et la résilience.

(3) Exprimez votre gratitude envers les autres et le monde : Développez un plus grand sens de la compassion et de l'empathie en

exprimant votre gratitude envers les personnes qui vous soutiennent et s'occupent de vous, la beauté de la nature ou les plaisirs simples de la vie. Cela peut conduire à des relations plus profondes et plus significatives et à un lien plus fort avec le monde qui vous entoure. Exemple : Prenez le temps, chaque semaine, d'écrire un mot de remerciement ou d'envoyer un message d'appréciation à quelqu'un qui a eu un impact positif dans votre vie. Il peut s'agir d'un ami proche, d'un mentor ou même d'un inconnu qui a fait preuve de gentillesse à votre égard. En exprimant votre gratitude, non seulement vous faites en sorte que l'autre personne se sente appréciée, mais vous cultivez également un sentiment d'interconnexion et une appréciation plus profonde des relations qui existent dans votre vie.

(4) Intégrer les principes stoïciens à la pratique de la gratitude : Associez les principes stoïciens de contentement et d'acceptation à votre pratique de la gratitude pour développer un sentiment de joie profond et durable qui ne dépend pas des circonstances extérieures. Exemple : Lorsque vous êtes confronté à une déception ou à un revers, rappelez-vous le principe stoïcien qui consiste à se concentrer sur ce que l'on peut contrôler. Prenez le temps de réfléchir à ce dont vous pouvez être reconnaissant dans cette situation, comme les leçons apprises, l'opportunité de croissance ou la force que vous avez développée. En intégrant les principes stoïciens à votre pratique de la gratitude, vous pouvez trouver la paix et l'épanouissement même dans les moments difficiles.

10. Le chemin à parcourir : Soutenir la croissance et l'intégration

10.1. RÉFLEXION SUR VOS PROGRÈS

La rétrospective de votre parcours est un aspect essentiel de la philosophie stoïcienne et du travail de l'ombre. Il vous permet d'évaluer votre évolution personnelle, de reconnaître les changements que vous avez opérés et les défis que vous avez surmontés. Cette pratique favorise non seulement la connaissance de soi, mais elle permet également de développer la gratitude, la résilience et une réflexion permanente sur soi.

Dans le stoïcisme, la réflexion sur les progrès accomplis s'inscrit dans le principe de l'examen de conscience. Les anciens stoïciens soulignaient l'importance de l'introspection et de l'auto-réflexion pour comprendre son caractère et s'efforcer de s'améliorer. En réfléchissant régulièrement à vos pensées, à vos actions et à vos réactions aux événements extérieurs, vous découvrez vos forces et vos faiblesses, ce qui vous permet de cultiver la vertu et de vivre en harmonie avec la nature.

Dans le domaine du travail de l'ombre, la réflexion sur vos progrès est cruciale pour l'intégration des aspects de l'ombre. Il s'agit de reconnaître la croissance et la transformation qui se sont produites à la suite de l'affrontement et de l'acceptation de votre ombre. En reconnaissant les changements dans vos comportements, vos relations et vos schémas émotionnels, vous comprenez mieux comment l'intégration de l'ombre a influencé votre vie.

La tenue d'un journal est un moyen efficace de s'entraîner à réfléchir à ses progrès. En tenant un journal, vous pouvez suivre vos pensées et vos émotions, documenter les moments de croissance et identifier les schémas récurrents ou les déclencheurs liés à vos aspects sombres. Le fait de consulter régulièrement les entrées de votre journal vous permet de prendre du recul sur votre parcours et sur les étapes que vous avez franchies pour vous améliorer.

Se réserver du temps pour l'introspection est une autre pratique précieuse pour réfléchir à ses progrès. Il peut s'agir de méditation, d'exercices de pleine conscience ou simplement de trouver un espace calme pour contempler vos expériences. En réfléchissant intentionnellement à vos pensées, à vos émotions et à vos comportements, vous pouvez clarifier les changements qui se sont produits en vous, ainsi que les domaines qui requièrent encore de l'attention et de la croissance.

Réfléchir à vos progrès vous permet également de cultiver la gratitude. En reconnaissant les progrès que vous avez accomplis dans votre voyage de découverte de soi, vous appréciez la résilience et le courage qu'il vous a fallu pour affronter vos zones d'ombre. Cette gratitude est une source de force et de motivation pour continuer à naviguer dans les complexités de votre monde intérieur.

En outre, le fait de réfléchir à vos progrès vous donne l'occasion de faire preuve d'autocompassion. En reconnaissant les défis que vous avez relevés et les progrès que vous avez accomplis dans votre développement personnel, vous pouvez faire preuve de bienveillance et de compréhension à votre égard. Cette pratique de l'autocompassion est essentielle pour maintenir un bien-être émotionnel et favoriser une relation positive avec votre moi intérieur.

Réfléchir à ses progrès est une pratique à multiples facettes qui combine les principes stoïciens et le travail de l'ombre. Elle vous permet de reconnaître votre croissance, renforce votre résilience et favorise une connexion plus profonde avec vous-même. En adoptant cette pratique, vous pouvez cultiver un plus grand sens de la conscience de soi, de la gratitude et de la compassion, ce qui, en fin de compte, soutient votre voyage continu de transformation et d'intégration personnelles.

MISE EN PRATIQUE

(1) Pratiquer régulièrement l'auto-réflexion pour évaluer sa croissance personnelle et identifier les défis à relever. Exemple : Réservez du temps chaque semaine pour réfléchir à vos pensées, à vos actions et à vos réactions face à des événements extérieurs. Tenir un journal pour suivre ses progrès et identifier les domaines de croissance.

(2) Intégrer le principe stoïcien de l'examen de conscience en réfléchissant régulièrement à son propre caractère et en s'efforçant de s'améliorer. Exemple : Avant de vous coucher, prenez quelques instants pour réfléchir à vos actions de la journée. Demandez-vous s'il y a des cas où vous auriez pu réagir différemment et utilisez cette réflexion pour guider votre comportement le lendemain.

(3) Utiliser le journal comme outil de réflexion, de suivi des pensées et des émotions, et d'identification des schémas liés aux aspects de l'ombre. Exemple : Tenez un journal dans lequel vous noterez quotidiennement vos pensées et vos émotions. Analysez vos entrées chaque semaine afin d'identifier les schémas récurrents et les déclencheurs liés à votre part d'ombre. Utilisez cette prise de conscience pour modifier intentionnellement votre comportement.

(4) Réservez du temps à l'introspection, que ce soit par la méditation, des exercices de pleine conscience ou la recherche d'un espace calme pour contempler les expériences. Exemple : Consacrez 15 minutes chaque matin à la méditation et à la réflexion. Asseyez-vous dans un endroit calme, concentrez-vous sur votre respiration et laissez les pensées et les émotions remonter à la surface. Utilisez ce temps pour clarifier les changements qui se sont produits en vous et planifier les actions nécessaires à la poursuite de votre croissance.

(5) Cultivez la gratitude en reconnaissant les progrès accomplis sur la voie de la découverte de soi et en embrassant les aspects obscurs. Exemple : Créez une pratique de gratitude en écrivant chaque jour trois choses pour lesquelles vous êtes reconnaissant, en vous concentrant sur les progrès que vous avez réalisés et les leçons tirées de l'acceptation de votre part d'ombre. Cette pratique favorisera un état d'esprit positif et une appréciation de votre développement personnel.

(6) Pratiquez l'autocompassion en reconnaissant les défis rencontrés et les progrès réalisés dans le cadre de votre développement personnel. Exemple : Chaque fois que vous êtes confronté à un échec ou que vous vous sentez découragé, rappelez-vous les défis que vous avez relevés et les progrès que vous avez accomplis. Traitez-vous avec gentillesse et compréhension, en reconnaissant que le développement personnel demande du temps et des efforts.

10.2. MAINTENIR UNE PRATIQUE QUOTIDIENNE

Pour intégrer véritablement les principes du stoïcisme et du travail de l'ombre dans votre vie, il est essentiel d'établir une pratique quotidienne qui soit à la fois efficace et durable. La constance est la clé du développement personnel et de la découverte de soi. En mettant en place une routine qui intègre la pleine conscience, l'autoréflexion et l'action intentionnelle, vous pouvez créer une base solide pour des expériences transformatrices.

Commencer par de petites étapes et les développer progressivement est l'un des moyens les plus efficaces de maintenir une pratique quotidienne. De nombreuses personnes commettent l'erreur d'essayer d'adopter trop de nouvelles habitudes à la fois, ce qui peut rapidement devenir insurmontable et conduire à l'épuisement. Au lieu de cela,

concentrez-vous sur l'identification d'une ou deux pratiques clés qui résonnent profondément en vous et engagez-vous à les intégrer dans votre routine quotidienne. Qu'il s'agisse de tenir un journal, de méditer ou de faire un exercice de gratitude, choisissez des activités qui correspondent à vos objectifs et à vos priorités.

En outre, la fixation d'objectifs spécifiques et la création d'un programme structuré peuvent contribuer de manière significative à maintenir votre pratique quotidienne sur la bonne voie. Lorsque vous avez une idée claire de ce que vous voulez accomplir et un plan pour y parvenir, vous avez plus de chances de rester motivé et engagé. Par exemple, si vous cherchez à cultiver la résilience émotionnelle, vous pouvez prévoir du temps chaque matin pour la méditation et l'autoréflexion afin de renforcer votre bien-être mental et émotionnel.

Intégrer la responsabilisation dans votre pratique quotidienne peut également être un puissant facteur de motivation pour maintenir votre engagement en faveur de la croissance. Qu'il s'agisse de trouver un mentor, de rejoindre un groupe de soutien ou simplement de partager vos objectifs avec un ami de confiance, le fait d'avoir quelqu'un pour vous encourager et vous tenir responsable peut faire une différence significative dans votre capacité à maintenir votre pratique. En outre, un soutien et des conseils extérieurs peuvent offrir des perspectives et des points de vue précieux qui peuvent enrichir votre parcours de découverte de soi.

Il est important de se rappeler que le maintien d'une pratique quotidienne ne consiste pas à atteindre la perfection, mais plutôt à faire preuve de constance et de progrès. Il y aura inévitablement des jours où la vie deviendra chaotique et où il sera difficile de donner la priorité au développement personnel. Dans ces moments-là, il est essentiel d'être indulgent avec soi-même et de reconnaître qu'il est normal d'être confronté à des moments de résistance ou à des revers. Au lieu de les percevoir comme des échecs, considérez-les comme des opportunités d'apprentissage et de croissance.

Un autre aspect essentiel du maintien d'une pratique quotidienne est l'ouverture d'esprit et l'adaptabilité. En approfondissant le stoïcisme et le travail de l'ombre, vous découvrirez peut-être que certaines pratiques vous conviennent mieux que d'autres, ou que vos besoins et vos priorités évoluent avec le temps. La volonté d'ajuster et de modifier votre routine quotidienne en fonction de ce qui vous sert le mieux au moment présent est une composante essentielle du développement personnel durable.

Le maintien d'une pratique quotidienne exige du dévouement, de la conscience de soi et un engagement sincère envers sa propre croissance et son bien-être. En cultivant une routine cohérente qui intègre les principes du stoïcisme et du travail de l'ombre, vous pouvez établir une base solide pour une transformation durable et une vie plus consciente et plus épanouissante. N'oubliez pas que chaque petit pas que vous faites pour maintenir votre pratique quotidienne est une partie importante de votre voyage continu vers la découverte de soi et la croissance.

> **MISE EN PRATIQUE**
>
> (1) Commencez modestement et développez progressivement votre pratique quotidienne : Au lieu de vous submerger avec trop de nouvelles habitudes à la fois, concentrez-vous sur une ou deux pratiques clés qui vous correspondent. Par exemple, commencez par intégrer 5 minutes de méditation chaque matin et augmentez progressivement la durée.
> (2) Fixez des objectifs précis et créez un emploi du temps structuré : Définissez clairement ce que vous souhaitez atteindre grâce à votre pratique quotidienne et créez un emploi du temps qui prévoit du temps dédié aux activités que vous avez choisies. Par exemple, si votre objectif est d'améliorer votre forme physique, prévoyez du temps chaque jour pour une séance d'entraînement ou de yoga.
> (3) Intégrez la notion de responsabilité dans votre pratique quotidienne : Trouvez un mentor, rejoignez un groupe de soutien ou partagez vos objectifs avec un ami ou un partenaire de confiance. Le fait d'avoir quelqu'un qui vous tient pour responsable et qui vous soutient et vous encourage peut grandement renforcer votre motivation et votre engagement. Vous pouvez par exemple rejoindre un groupe de méditation en ligne où vous pourrez partager vos expériences et vos progrès.

(4) Soyez indulgent avec vous-même et considérez les revers comme des occasions d'apprendre : Comprenez que le maintien d'une pratique quotidienne n'est pas une question de perfection. Il y aura des jours où la vie sera chargée ou où vous ressentirez de la résistance. Au lieu de considérer ces moments comme des échecs, voyez-les comme des occasions d'apprendre et de progresser. Par exemple, si vous manquez une journée de journal, reconnaissez-le et utilisez-le comme un rappel pour donner la priorité à votre pratique le jour suivant.

(5) Restez ouvert d'esprit et flexible dans l'adaptation de votre pratique quotidienne : En explorant différentes pratiques, soyez prêt à ajuster et à modifier votre routine en fonction de ce qui vous convient le mieux au moment présent. Vos besoins et vos priorités peuvent évoluer au fil du temps, et il est important d'être ouvert à de nouvelles possibilités. Par exemple, si vous constatez que la tenue d'un journal ne vous convient plus, essayez d'intégrer une autre forme d'autoréflexion, comme l'art ou les promenades dans la nature.

(6) Cultivez le dévouement, la conscience de soi et un véritable engagement en faveur de votre croissance : N'oubliez pas que le maintien d'une pratique quotidienne exige des efforts et un engagement personnel profond. Restez dévoué à vos objectifs, restez conscient de vos progrès et de vos difficultés, et donnez véritablement la priorité à votre propre développement et à votre bien-être. Par exemple, faites régulièrement le point avec vous-même pour évaluer l'impact de votre pratique quotidienne sur votre sentiment général d'épanouissement et procédez aux ajustements nécessaires. Exemple : Imaginons que Sarah souhaite intégrer la pleine conscience dans sa vie quotidienne, mais qu'elle se sente dépassée par les efforts qu'elle déploie pour l'intégrer dans son emploi du temps chargé. Elle décide de commencer modestement en consacrant 5 minutes par jour à la pratique de la méditation de pleine conscience. Elle se fixe pour objectif d'augmenter cette durée d'une minute chaque semaine. Sarah crée également un emploi du temps structuré dans lequel elle réserve ces 5 minutes chaque matin avant de commencer sa journée de travail. Pour se responsabiliser, Sarah partage son objectif avec sa meilleure amie, qui souhaite également développer une pratique de

la pleine conscience. Elles décident de se rencontrer chaque semaine pour partager leurs expériences et se soutenir mutuellement. Sarah comprend qu'il peut y avoir des jours où elle oublie ou se sent trop occupée, mais au lieu d'être dure avec elle-même, elle voit ces moments comme des opportunités d'apprentissage et reste engagée dans sa pratique. Au fur et à mesure que Sarah poursuit son voyage dans la pleine conscience, elle reste ouverte d'esprit et prête à ajuster sa pratique en fonction de l'évolution de ses besoins et de ses préférences. Elle reconnaît que le maintien d'une pratique quotidienne exige du dévouement, de la conscience de soi et un véritable engagement en faveur de sa croissance et de son bien-être.

10.3. SURMONTER LES REVERS ET LES DÉFIS

Affronter et surmonter les revers et les défis est une partie inévitable de la vie, en particulier lorsque l'on pratique le stoïcisme et le travail de l'ombre. La philosophie stoïcienne nous enseigne que nous avons le contrôle de notre réaction aux événements extérieurs, même si nous ne pouvons pas contrôler les événements eux-mêmes. De même, le travail de l'ombre nous aide à affronter et à intégrer les aspects les plus sombres de notre nature qui émergent souvent dans les moments difficiles. Dans ce chapitre, nous verrons comment appliquer les principes stoïciens et les techniques d'intégration de l'ombre pour surmonter les revers et les défis.

En cas de revers, il est essentiel de reconnaître et d'accepter les émotions qui surgissent. C'est là que l'intersection du stoïcisme et du travail de l'ombre devient particulièrement puissante. En accueillant les émotions désagréables et en acceptant nos imperfections, nous pouvons aborder les revers avec vulnérabilité et authenticité. Au lieu de nier ou de supprimer ces émotions, nous pouvons apprendre à nous asseoir avec elles et à comprendre leurs causes sous-jacentes. Ce processus nous permet d'approfondir notre connaissance de soi, ce qui est essentiel pour relever efficacement les défis.

Le stoïcisme met l'accent sur l'importance de maintenir la résilience intérieure face aux difficultés extérieures. En reconnaissant ce que nous pouvons et ne pouvons pas contrôler, nous pouvons orienter notre énergie vers les aspects d'un revers que nous pouvons influencer. Ce principe nous aide non seulement à renoncer aux attachements malsains à des choses qui échappent à notre contrôle, mais nous permet également de nous concentrer sur l'adoption d'actions constructives lorsque cela est possible. En ce qui concerne le travail de l'ombre, cette approche nous permet d'intégrer les aspects de l'ombre liés au contrôle, transformant la peur et l'anxiété en un sentiment d'autonomie et d'action.

En outre, la pratique de la pleine conscience stoïque est incroyablement bénéfique pour surmonter les revers et les défis. La pleine conscience consiste à observer nos pensées et nos émotions sans porter de jugement, ce qui permet de prendre du recul face à l'adversité. En pratiquant les techniques de la pleine conscience stoïque, nous cultivons la résilience émotionnelle et développons une plus grande capacité à naviguer dans les situations difficiles avec clarté et sang-froid. Combinée aux principes d'intégration de l'ombre, cette pleine conscience nous permet d'accueillir en toute conscience les émotions de l'ombre, plutôt que d'être submergés par elles.

En outre, le processus d'intégration de l'ombre peut contribuer à surmonter les échecs. En reconnaissant et en embrassant les aspects sombres de la résilience, nous pouvons transformer la douleur en croissance et renforcer notre résistance mentale et émotionnelle. Il s'agit d'affronter notre nature sombre et de trouver la force d'aller de l'avant, même face à des défis importants. En intégrant notre part d'ombre, nous puisons dans un puits de force intérieure et de résilience qui sommeille souvent en nous.

La combinaison du stoïcisme et du travail de l'ombre offre une approche globale pour surmonter les revers et les défis. En acceptant les émotions désagréables, en reconnaissant nos limites et en cultivant la pleine conscience et la résilience, nous pouvons faire face à l'adversité avec grâce et force. Cette approche intégrée nous permet d'affronter les revers avec conscience de soi et détermination, ce qui conduit à une croissance et à une transformation personnelles profondes.

MISE EN PRATIQUE

(1) Accepter les émotions désagréables et les imperfections Exemple : Lorsque vous êtes confronté à un échec, au lieu de nier ou d'étouffer les émotions désagréables, asseyez-vous avec elles et réfléchissez à leurs causes sous-jacentes. Par exemple, si une candidature est rejetée, laissez-vous aller à la déception et reconnaissez que le rejet est un élément normal du processus. Le fait d'accueillir ces émotions et d'accepter les imperfections peut conduire à une meilleure connaissance de soi et à un état d'esprit plus sain face aux défis.

(2) Cultiver la résilience intérieure en se concentrant sur ce qui peut être contrôlé Exemple : Au lieu de vous attarder sur des facteurs externes qui échappent à votre contrôle, tels que la météo ou les actions d'autres personnes, orientez votre énergie vers les aspects d'un revers que vous pouvez influencer. Par exemple, si une relation se termine, concentrez-vous sur votre développement personnel et votre guérison plutôt que d'essayer de changer les décisions de l'autre personne. Ce changement d'état d'esprit vous permet de vous défaire d'attachements malsains et de prendre des mesures constructives lorsque c'est possible.

(3) Pratiquer des techniques de pleine conscience stoïque pour développer la résilience émotionnelle Exemple : Lorsque vous êtes confronté à l'adversité, adoptez des pratiques de pleine conscience qui consistent à observer vos pensées et vos émotions sans porter de jugement. Par exemple, si vous recevez des commentaires négatifs sur un projet, prenez le temps de vous arrêter et d'observer les pensées ou les émotions négatives qui surgissent sans réagir de manière impulsive. En cultivant la résilience émotionnelle grâce à la pleine conscience stoïque, vous pouvez faire face aux situations difficiles avec clarté et sang-froid.

(4) Intégrer les aspects sombres de la résilience pour transformer la douleur en croissance Exemple : Reconnaissez et affrontez les aspects les plus sombres de votre personnalité, tels que le doute ou la peur, lorsque vous êtes confronté à des échecs. Par exemple, si vous échouez à un examen important, explorez votre peur de ne pas être à la hauteur ou de ne pas atteindre vos objectifs. En intégrant ces aspects de l'ombre et en trouvant la force d'aller de l'avant, vous pouvez transformer la douleur en opportunités de croissance. Ce processus permet de développer une résistance mentale et émotionnelle qui peut être appliquée à des défis futurs.

(5) Aborder les revers en prenant conscience de soi et en se fixant des objectifs Exemple : Lorsque vous êtes confronté à des revers, prenez le temps de réfléchir à vos valeurs et à vos objectifs à long terme. Par exemple, si une entreprise échoue, rappelez-vous la raison d'être de vos efforts et l'impact que vous vous efforcez d'avoir. Cette conscience de soi et cet état d'esprit axé sur les objectifs vous permettent d'affronter les revers avec résilience et détermination, ce qui conduit à l'épanouissement personnel et à la transformation.

10.4. RECHERCHE DE SOUTIEN ET DE COMMUNAUTÉ

Dans la poursuite du stoïcisme et du travail de l'ombre, il est crucial de reconnaître la valeur de la recherche de soutien et de l'appartenance à une communauté. Bien qu'une grande partie de ce voyage implique une réflexion personnelle et une introspection, le fait de disposer d'un système de soutien et d'un sentiment d'appartenance à une communauté peut apporter des encouragements, des conseils et une responsabilisation précieux tout au long du chemin.

Lorsque l'on s'engage dans l'ombre et que l'on explore les profondeurs de notre psyché, il est fréquent de rencontrer des défis et des troubles émotionnels. La mise en place d'un système de soutien offre un espace sûr pour exprimer ces difficultés et recevoir de l'empathie et de la compréhension. Qu'il s'agisse d'un ami de confiance, d'un thérapeute ou d'un groupe de soutien, le fait d'avoir quelqu'un à qui parler peut atténuer le sentiment d'isolement qui accompagne souvent le travail de l'ombre.

En outre, le fait de faire partie d'une communauté de personnes partageant les mêmes idées et qui sont également sur la voie du stoïcisme et du travail de l'ombre peut procurer un sentiment d'appartenance et de validation. L'interaction avec d'autres personnes qui naviguent dans des paysages intérieurs similaires peut normaliser les expériences et les  défis qui surviennent au cours de ce processus. Partager des idées, apprendre des voyages des autres et offrir un soutien mutuel peut grandement contribuer à l'épanouissement personnel et à la résilience.

Outre le soutien émotionnel, une communauté peut également fournir des ressources et des outils précieux pour le développement personnel. Il peut s'agir de lectures recommandées, de pratiques de pleine conscience ou d'exercices pratiques permettant d'intégrer les principes stoïciens et de s'engager dans le travail de l'ombre. En s'appuyant sur la sagesse collective et les expériences de la communauté, les individus peuvent améliorer leur compréhension du stoïcisme et du travail de l'ombre et découvrir de nouvelles approches pour leur propre développement personnel.

Le soutien et la responsabilité qui découlent de l'appartenance à une communauté peuvent également aider les individus à rester engagés dans leur pratique. Il n'est pas rare d'être confronté à la résistance, au doute ou à la tentation d'abandonner complètement le voyage. Cependant, le fait d'être entouré d'une communauté peut motiver et encourager à poursuivre le travail, même face à l'adversité. Le fait de savoir que d'autres suivent un chemin similaire nous rappelle avec force la force collective et la résilience qui naissent des expériences partagées.

En outre, la recherche d'un soutien et d'une communauté s'inscrit dans la philosophie stoïcienne qui reconnaît notre interconnexion avec les autres et l'importance de contribuer au bien-être de la société. En s'engageant dans une communauté, les individus peuvent incarner la vertu stoïcienne de justice, en reconnaissant le bénéfice mutuel de soutenir et d'être soutenu par les autres.

La recherche d'un soutien et d'une communauté dans le contexte du stoïcisme et du travail de l'ombre incarne le principe stoïcien de l'oikeiôsis, qui met l'accent sur notre inclination naturelle à l'égard des autres et sur notre préoccupation pour eux. En se connectant aux autres et en recevant du soutien, les individus peuvent cultiver un sentiment d'appartenance et d'interconnexion qui est crucial pour un développement personnel holistique.

Pour illustrer l'impact de la recherche d'un soutien et d'une communauté, prenons l'exemple de John. Au départ, John s'est embarqué dans son voyage vers le stoïcisme et le travail de l'ombre dans la solitude. Bien qu'il ait fait des progrès significatifs, il a souvent eu du mal à rester motivé et à maintenir la cohérence de sa pratique. Cependant, en rejoignant un groupe de discussion stoïcien local, John a trouvé une grande valeur à s'engager avec d'autres personnes qui partageaient les mêmes valeurs et les mêmes aspirations. La communauté lui a fourni des conseils pratiques, un soutien émotionnel et un sens renouvelé de l'objectif, propulsant sa croissance et l'intégration du stoïcisme et du travail de l'ombre.

Chercher du soutien et faire partie d'une communauté est un aspect essentiel de l'intégration du stoïcisme et du travail de l'ombre. En s'engageant avec les autres, les individus peuvent recevoir un soutien émotionnel, acquérir des ressources précieuses, trouver de la motivation et embrasser l'interconnexion qui se trouve au cœur de la philosophie stoïcienne. Le sentiment d'appartenance à une communauté enrichit et soutient le processus continu de découverte de soi et de développement personnel.

MISE EN PRATIQUE

(1) Recherchez un système de soutien ou une communauté pour obtenir des conseils et des encouragements pendant le voyage du stoïcisme et du travail de l'ombre. Exemple : Une personne qui explore le stoïcisme et le travail de l'ombre rejoint un groupe de

soutien local où elle peut partager ses défis, recevoir de l'empathie et être guidée par d'autres personnes qui suivent un chemin similaire.

(2) S'engager avec un ami de confiance, un thérapeute ou un groupe de soutien afin de disposer d'un espace sûr pour exprimer ses difficultés et recevoir de la compréhension pendant le processus du travail de l'ombre. Exemple : Sarah, qui explore sa psyché par le biais du travail de l'ombre, rencontre régulièrement son thérapeute pour discuter de ses difficultés émotionnelles et recevoir soutien et compréhension.

(3) Entrez en contact avec une communauté de personnes partageant les mêmes idées et pratiquant également le stoïcisme et le travail de l'ombre afin de normaliser les expériences et d'offrir un soutien mutuel. Exemple : Jean rejoint une communauté en ligne dédiée au stoïcisme et au travail de l'ombre, où les membres partagent leurs points de vue, apprennent du parcours de chacun et se soutiennent mutuellement.

(4) Utiliser les ressources et les outils fournis par la communauté pour le développement personnel, tels que les lectures recommandées, les pratiques de pleine conscience ou les exercices pratiques. Exemple : Emily, qui s'intéresse au stoïcisme et au travail de l'ombre, explore les lectures recommandées par une communauté stoïcienne et intègre des pratiques de pleine conscience dans sa routine quotidienne.

(5) Accepter le soutien et la responsabilité fournis par la communauté pour rester engagé dans la pratique du stoïcisme et du travail de l'ombre, même face à la résistance ou au doute. Exemple : David, qui se sent parfois démotivé dans sa pratique stoïcienne, assiste régulièrement aux réunions du groupe de discussion stoïcien où il trouve la motivation et l'encouragement nécessaires pour poursuivre son chemin.

(6) Reconnaître l'interconnexion avec les autres et contribuer au bien-être de la société en s'engageant dans une communauté, en incarnant la vertu stoïcienne de la justice. Exemple : Lisa participe activement à l'organisation de sa communauté locale, où elle soutient les autres et est soutenue par eux, ce qui favorise un sentiment d'interdépendance et contribue au bien-être de la société.

(7) Cultiver un sentiment d'appartenance et d'interconnexion en recherchant le soutien et la communauté, en s'alignant sur le principe stoïcien de l'oikeiôsis, ou affinité naturelle envers les autres et préoccupation pour eux. Exemple : Mark, qui travaille à l'intégration du stoïcisme et du travail de l'ombre, rejoint un groupe virtuel de méditation stoïcienne, où il entre en contact avec d'autres personnes et éprouve un sentiment plus profond d'appartenance et d'interconnexion.

(8) Reconnaître la valeur de la recherche d'un soutien et d'une communauté comme étant vitale pour un développement personnel holistique et pour soutenir le processus continu de découverte de soi et de croissance. Exemple : Laura, qui s'est engagée dans son développement personnel, recherche activement un soutien et une communauté pour enrichir son parcours d'intégration du stoïcisme et du travail de l'ombre, en reconnaissant la valeur que cela apporte à son développement holistique.

10.5. S'ENGAGER DANS LE VOYAGE PERMANENT DE LA DÉCOUVERTE DE SOI

L'exploration continue de soi est un élément essentiel du stoïcisme et du travail de l'ombre. Elle implique de plonger constamment dans les profondeurs de notre être, de cultiver la conscience de soi et d'évoluer en tant qu'individu. Ce processus continu peut être à la fois stimulant et gratifiant, car il exige un engagement fort en faveur du développement personnel et une volonté d'affronter nos ombres intérieures.

Dans le contexte du stoïcisme, la découverte de soi est étroitement liée à la recherche de l'eudaimonia, ou épanouissement humain. Les stoïciens pensaient que le bonheur et l'épanouissement authentiques découlaient d'une vie en harmonie avec la nature et d'un caractère vertueux. Ce voyage à la découverte de soi implique de réfléchir à nos valeurs, nos forces et nos faiblesses, et de comprendre comment elles s'alignent sur les vertus stoïciennes que sont la sagesse, le courage, la justice et la tempérance. Il s'agit également d'accepter les difficultés et les revers inévitables de la vie et d'en faire des opportunités de croissance et d'amélioration personnelle.

D'autre part, dans le domaine du travail de l'ombre, le chemin continu de la découverte de soi implique de plonger dans notre inconscient pour découvrir les pensées, les émotions et les schémas comportementaux refoulés. Ce processus implique d'embrasser les aspects de nous-mêmes que nous avons peut-être réprimés ou niés, et de les reconnaître sans jugement. Il s'agit également d'intégrer ces aspects de l'ombre dans notre conscience et de les transformer d'une manière qui corresponde à nos valeurs personnelles et à notre caractère moral.

Pour s'engager efficacement dans le voyage permanent de la découverte de soi, il est essentiel de cultiver un état d'esprit d'ouverture, de curiosité et d'autocompassion. Cela signifie qu'il faut être prêt à explorer les profondeurs de notre psyché, à affronter nos peurs et à accepter l'inconfort qui découle de la connaissance de soi. Cela implique également de développer une pratique de la pleine conscience et de l'introspection, nous permettant d'observer nos pensées, nos émotions et nos comportements sans attachement ni aversion.

En outre, pour poursuivre le voyage de la découverte de soi, il faut s'engager à apprendre en permanence et à se développer personnellement. Cela peut impliquer de rechercher des sources de connaissance et de sagesse, comme des livres, des cours, des mentors ou des communautés, qui peuvent soutenir notre croissance et nous fournir des informations précieuses en cours de route. Cela implique également de conserver un sentiment d'humilité et de réceptivité, en comprenant qu'il y a toujours plus à apprendre et à explorer sur nous-mêmes et sur le monde qui nous entoure.

Le voyage permanent de découverte de soi bénéficie également de la culture de la résilience et de la persévérance. Il est important de reconnaître que la découverte de soi n'est pas toujours facile et qu'elle peut impliquer de se confronter à des vérités inconfortables et de procéder à des changements difficiles. Le développement de la force mentale et émotionnelle nécessaire pour relever ces défis est un élément essentiel du processus, car il nous permet de rester engagés dans notre croissance, même face à l'adversité.

S'engager dans le voyage permanent de la découverte de soi est une entreprise profondément personnelle et transformatrice. Elle exige du courage, de la vulnérabilité et la volonté d'affronter nos ombres avec compassion et sagesse. En entreprenant ce voyage, nous pouvons cultiver une compréhension plus profonde de nous-mêmes, trouver un meilleur alignement avec nos valeurs et nos vertus, et vivre une vie plus épanouissante et plus authentique.

MISE EN PRATIQUE

(1) Cultiver la conscience de soi par la pleine conscience et l'introspection. Exemple : Réservez 10 minutes par jour à la méditation ou à la réflexion. Pendant ce temps, concentrez-vous sur l'observation de vos pensées, de vos émotions et de vos comportements sans porter de jugement. Cette pratique vous aidera à mieux vous connaître et à améliorer votre conscience de soi.

(2) Réfléchissez à vos valeurs, vos forces et vos faiblesses pour les aligner sur vos objectifs de développement personnel. Exemple : Prenez le temps d'écrire vos valeurs fondamentales, vos forces et vos faiblesses. Réfléchissez ensuite à la manière dont ces éléments s'alignent sur vos objectifs de développement personnel. Identifiez les domaines dans lesquels vous pouvez tirer parti de vos forces et de vos valeurs pour surmonter vos faiblesses et progresser vers la réalisation de vos objectifs.

(3) Considérer les défis et les échecs comme des opportunités de croissance et d'amélioration personnelle. Exemple : Chaque fois que vous êtes confronté à un défi ou à un revers, prenez le temps de réfléchir à ce que vous pouvez apprendre de la situation. Réfléchissez

à la manière dont vous pouvez utiliser cette expérience pour grandir et vous améliorer. En acceptant les défis de cette manière, vous développerez votre résilience et vous vous efforcerez continuellement de progresser.

(4) Recherchez des sources de connaissances et de sagesse pour vous aider dans votre démarche de découverte de soi. Exemple : Rejoignez un club de lecture ou inscrivez-vous à des cours en ligne qui correspondent à vos intérêts et à vos objectifs. Engagez des conversations avec des mentors ou des communautés qui peuvent vous apporter des idées et des perspectives précieuses. La recherche active de connaissances et de sagesse améliorera votre conscience de soi et contribuera à votre développement personnel.

(5) Développer la résilience et la persévérance pour relever les défis de la découverte de soi. Exemple : Chaque fois que vous rencontrez des obstacles ou que vous êtes confronté à des vérités difficiles sur vous-même, rappelez-vous votre engagement en faveur du développement personnel. Adoptez un état d'esprit de croissance et considérez les revers comme des défis temporaires plutôt que comme des échecs permanents. Cultivez la résilience en prenant soin de vous, en recherchant le soutien des autres et en restant concentré sur vos objectifs à long terme.

(6) N'oubliez pas que la découverte de soi est un processus profondément personnel et transformateur. En mettant en œuvre ces mesures concrètes, vous pouvez vous engager activement dans une réflexion sur vous-même, relever des défis, rechercher des connaissances et développer votre résilience afin de cultiver une vie plus épanouissante et plus authentique.

INDEX

à considérer les défis comme des, 97
à la lumière de nos principes, 125
abandon, 67, 68
abandonner le ressentiment, 110
aborder, 12, 21, 28, 29, 41, 42, 49, 50, 51, 53, 75, 77, 88, 91, 106, 107, 130, 149, 162
aborder la situation, 29, 50
aborder les défis, 12, 42, 88
Aborder les défis, 99
aborder les émotions désagréables, 28
aborder les situations difficiles avec sagesse, 49
acceptation, 2, 7, 12, 28, 29, 45, 53, 62, 67, 68, 75, 76, 89, 107
acceptation de soi, 45, 107
accepter, 5, 12, 17, 29, 31, 45, 53, 54, 55, 59, 60, 61, 68, 79, 87, 90, 94, 95, 106, 117, 118, 136, 137, 140, 149, 170
Accepter la dualité inhérente, 137
accepter la peur, 29
accepter la peur sans jugement, 29
Accepter la vulnérabilité, 7, 51
Accepter le processus de découverte de soi, 124
Accepter les revers, 102, 131
accepter l'inconfort, 170
accomplir, 72, 159
accueillir, 26, 28, 29, 33, 36, 83, 84, 132

accueillir en toute conscience les émotions de l'ombre, 83
accueillir les émotions, 28, 84
accueillir les émotions de l'ombre, 84
accueillir leurs émotions avec amour et acceptation, 29
acquérir des connaissances, 78
acquérir une compréhension plus profonde, 71
actes authentiques, 119, 120
actions, 1, 3, 6, 8, 11, 14, 19, 21, 22, 23, 25, 37, 38, 39, 40, 41, 43, 44, 45, 53, 55, 60, 63, 65, 69, 75, 76, 79, 80, 93, 96, 112, 113, 114, 116, 122, 123, 124, 126, 127, 130, 132, 133, 144, 155, 157
actions concrètes, 93
actions conscientes, 8
activités quotidiennes, 72, 73, 74
adaptabilité, 56, 66
adopter, 40, 79, 85, 145
Adopter, 80, 101, 153
affirmations, 65, 106, 108
affirmations positives, 65
affirmer, 7
affronter, 8, 16, 38, 42, 43, 49, 60, 61, 62, 64, 65, 72, 74, 83, 88, 89, 90, 92, 94, 98, 114, 119, 128, 129, 132, 133, 134, 135, 140, 156, 162, 170
affronter la douleur, 94

INDEX

affronter les ombres existentielles, 129
affronter nos peurs, 43, 49, 62, 64, 88, 170
ajuster, 161, 162
aligné, 12
alignement, 45, 121, 126, 171
aligner, 12, 14, 22, 43, 44, 45, 122, 171
Aligner les actions et les décisions, 18
Aligner les réponses aux défis, 52
Alignez vos pensées, 14
aller de l'avant, 116, 129
améliorer, 13, 51, 56, 73, 99, 108, 109, 120, 131, 142, 156, 166, 171, 172
ami, 28, 30, 32, 35, 48, 65, 105, 107, 109, 116, 117, 120, 141, 147, 150, 153, 154, 159, 160, 165, 168
ami de confiance, 65, 159, 165, 168
ami proche, 28, 30, 32, 105, 107, 141, 147, 154
amor fati, 79, 94, 95
amour, 28, 29, 31, 79, 80, 118, 119
amour du destin, 31, 79, 80
ancré, 43, 79, 128
angles morts, 38, 39
angoisses, 60, 61, 62, 67, 78, 130
anxiété, 90
appliquer les principes, 162
appliquer les principes stoïciens, 162
Appliquer les vertus stoïques, 137
apprécier, 2, 4, 72, 139, 142, 143, 144, 151
apprendre, 12, 27, 28, 30, 47, 60, 63, 67, 83, 87, 89, 98, 107, 132, 163, 166, 170, 171
Apprendre, 144
approche, 8, 9, 11, 15, 16, 34, 42, 50, 67, 73, 74, 85, 88, 90, 99, 112, 149, 151, 163
approche attentive, 85
approche compatissante, 34
approche efficace, 151
approche globale, 8, 163

approche holistique, 9, 11, 16
approche holistique du développement personnel, 16
approches puissantes, 13
approfondir, 7, 10, 11, 15, 17, 33, 38, 43, 46, 72, 103, 108, 120
approfondir votre compréhension, 10, 15
aspect essentiel, 5, 28, 57, 80, 155, 167
aspect essentiel de l'autocompassion, 29
aspect fondamental, 71, 95, 98, 126, 141, 151
aspects, 1, 2, 4, 5, 6, 7, 8, 9, 10, 12, 13, 14, 16, 18, 20, 21, 22, 23, 24, 25, 26, 27, 30, 31, 32, 33, 34, 36, 38, 39, 43, 44, 45, 50, 52, 53, 55, 56, 61, 62, 63, 64, 65, 66, 67, 68, 69, 72, 73, 74, 77, 82, 83, 88, 89, 90, 91, 92, 93, 95, 96, 97, 98, 100, 101, 102, 106, 107, 108, 109, 110, 111, 113, 115, 118, 119, 121, 129, 130, 135, 136, 137, 140, 146, 148, 149, 151, 152, 153, 156, 157, 162, 163, 164, 165, 170
aspects cachés, 8, 9, 10, 12, 26, 61, 83, 88, 96, 148
aspects de l'ombre, 2, 4, 6, 7, 14, 24, 25, 34, 38, 44, 50, 66, 67, 68, 69, 72, 73, 74, 82, 100, 106, 107, 108, 110, 113, 115, 118, 135, 136, 157, 163, 165, 170
aspects non reconnus, 62
aspects obscurs, 33, 39, 61, 64, 67, 82, 95, 102, 109, 113, 130, 135, 136, 137, 146, 148, 149
aspects positifs, 111, 130, 140, 151, 152, 153
aspirations, 24, 26, 46, 149, 150, 167
assistance professionnelle, 9, 10
associées, 28, 110, 120
attachement, 31, 32, 63, 68, 71, 85, 143, 170

attachements, 45, 54, 57, 58, 59, 63, 67, 68, 144, 163
attachements malsains, 54, 57, 58, 59, 67, 68, 144, 163
atteindre, 4, 6, 135, 159, 160, 165
atteint, 23
attentes excessives, 59
attentes internes, 106, 107
attentes irréalistes, 54, 55
attention, 21, 46, 54, 55, 61, 65, 72, 84, 139, 143, 146, 151
attitudes, 3, 53, 55, 132, 133
au fil du temps, 100
authenticité, 21, 58, 59, 149, 151, 163
authentique, 6, 7, 13, 14, 22, 35, 36, 46, 121, 122, 123, 126, 127, 144, 150
autocritique, 106
autocritique sévère, 106
autodiscipline, 41, 51
autres, 3, 7, 34, 38, 40, 41, 42, 49, 50, 51, 55, 56, 60, 63, 66, 89, 108, 109, 110, 111, 112, 113, 114, 118, 119, 120, 131, 140, 141, 144, 146, 149, 150, 166, 167, 168, 172
avantages personnels, 47
aversion, 170
base solide, 96, 158, 160
beau coucher de soleil, 153
bénédictions, 46, 139, 145, 147, 151
bénévolat, 42, 52, 123, 124
bénévolat pour une cause, 124
besoin de validation, 54, 76
besoin excessif, 66
bien-être, 2, 8, 46, 47, 48, 49, 56, 57, 65, 107, 108, 110, 113, 115, 116, 117, 119, 120, 140, 143, 144, 147, 156, 159, 160, 161, 168
bien-être de la société, 168
bien-être émotionnel, 2, 8, 47, 56, 107, 108, 147, 156
bien-être mental et émotionnel, 57, 159

bienveillance, 7, 75, 105, 106, 107, 156
blessures, 12, 13, 57, 58, 59, 84, 96, 115, 116, 117
blessures du passé, 12, 96, 116, 117
blessures émotionnelles, 12, 13, 57, 58, 59
blessures enfouies, 84
boussole, 126, 127
bravoure, 27
but ultime, 22
cadre puissant, 9, 42
calme, 14, 16, 29, 40, 41, 51, 61, 71, 73, 75, 78, 85, 91, 93, 97, 98, 99, 157
canaliser, 7
capacité, 33, 34, 41, 47, 56, 63, 64, 69, 71, 72, 73, 76, 90, 91, 93, 97, 98, 100, 101, 102, 109, 110, 111, 113, 124, 129, 130, 131, 134, 135, 136, 145, 146, 147, 159, 163
capacité à rester présent, 73
capacité d'amour, 113
capacité de croissance, 98, 100
caractère, 6, 8, 17, 25, 37, 74, 81, 155, 157, 169, 170
caractère moral, 170
Carl Jung, 4, 8
carrière, 26, 46, 124, 150
carrières, 24
catalyseurs, 62, 65, 83, 95, 137
causes, 17, 21, 22, 45, 50, 75, 77, 84, 94, 96, 123, 132, 135, 163, 164
causes profondes, 22, 50, 75, 84, 94, 96, 135
ce qui compte vraiment, 40, 42, 44, 121, 125, 126, 128
cercle de contrôle, 54, 55
cercle extérieur, 54, 55
cercle intérieur, 54, 55
cercles concentriques, 54
certaines pensées, 21
certitude, 64, 65
chaleur, 118, 143

INDEX

changement, 42, 44, 47, 52, 54, 66, 83, 90, 91, 92, 94, 99, 114, 122, 152, 164
changement de perspective, 47, 54, 83, 92, 99, 152
changements dans vos comportements, 156
changer de perspective, 116, 145, 153
chaotique, 142, 159
chemin continu, 170
chemin droit, 101
chemin vers l'eudaimonia, 129
choisir, 20, 21, 22, 44, 65, 73, 116, 117, 120
choix, 3, 21, 22, 31, 32, 38, 44, 51, 60, 80, 124, 125, 126, 127
choix conscients, 22
choses blessantes, 117
circonstances, 3, 44, 53, 54, 55, 56, 58, 59, 60, 63, 64, 65, 67, 79, 80, 95, 106, 107, 112, 113, 114, 116, 117, 132, 139, 143, 147, 148, 152, 154
circonstances de la vie, 53
circonstances difficiles, 95, 107, 148
circonstances extérieures, 44, 55, 56, 58, 59, 60, 64, 65, 67, 132, 143, 152, 154
circonstances imprévues, 63
clarté, 15, 29, 31, 42, 49, 51, 75, 78, 79, 80, 82, 126, 127, 135, 136, 163, 164
clause de réserve, 106, 107
clé, 53, 158
club de lecture, 11, 172
codépendance, 118
cœur ouvert, 122, 124, 133, 134
colère, 5, 6, 17, 20, 21, 22, 24, 25, 26, 27, 28, 29, 45, 50, 75, 77, 81, 82, 93, 99, 100, 102, 109, 110, 113, 115, 118, 120
commence, 33, 105
commencer, 5, 6, 20, 23, 24, 25, 28, 29, 36, 44, 56, 57, 66, 67, 68, 76, 84, 85, 109, 115, 116, 118, 121, 122, 124, 128, 132, 135, 137, 161
commencer à guérir les parties blessées, 28, 29
commencer à s'aligner sur nos valeurs, 124
communauté, 49, 127, 131, 140, 165, 166, 167, 168, 169
communauté en ligne, 168
communautés, 170, 172
communication ouverte et honnête, 52
compassion, 7, 9, 27, 28, 31, 33, 38, 40, 61, 62, 64, 65, 67, 69, 74, 86, 105, 108, 109, 113, 114, 118, 119, 120, 136, 137, 140, 149, 151, 171
complaisant ou résigné, 31
complet, 85
complexité, 33, 101, 103, 119, 120
complexité de l'être humain, 33
complexités, 77, 85, 128, 136
comportement, 12, 20, 21, 24, 25, 55, 67, 68, 77, 88, 90, 116, 143, 157
comportements, 4, 6, 8, 9, 10, 11, 12, 13, 14, 19, 21, 22, 23, 25, 38, 40, 41, 45, 57, 63, 67, 69, 116, 117, 156, 170, 171
comportements subconscients, 23
composante, 26, 34, 106, 112, 160
composante essentielle, 26, 34, 106, 160
compréhension, 2, 8, 15, 21, 23, 25, 28, 29, 30, 32, 34, 36, 39, 49, 54, 63, 67, 68, 69, 72, 73, 74, 84, 85, 87, 88, 89, 90, 96, 97, 105, 106, 107, 108, 109, 111, 112, 113, 114, 117, 118, 119, 120, 128, 137, 140, 149, 156, 158, 166
compréhension globale, 88, 90
compréhension holistique, 69
compréhension profonde, 23
comprendre, 1, 3, 7, 13, 20, 24, 25, 35, 40, 51, 54, 60, 62, 66, 69, 77, 81, 83, 87, 88, 94, 97, 102,

108, 109, 110, 112, 114, 116, 123, 124, 132, 135, 155, 163, 169
Comprendre, 23, 89
comprendre ce qui compte vraiment, 123, 124
comprendre les causes profondes, 20
comprendre les causes profondes de leurs comportements, 20
comprendre les messages qu'elles véhiculent, 83
concentration, 18, 68
concept, 1, 2, 4, 6, 7, 8, 9, 11, 17, 31, 54, 57, 63, 64, 74, 79, 80, 91, 94, 95, 105, 107, 122, 128, 143, 144, 145
concept d'abandon, 63, 64
concept de l'ombre, 17
concept psychologique, 4, 8, 11
concurrence, 149
conduire, 7, 12, 13, 27, 28, 49, 50, 51, 79, 94, 107, 126, 147, 148, 149, 150, 154, 158, 164
conduire à des actions impulsives, 50, 51
conduire à des actions impulsives ou irrationnelles, 50
conduit, 8, 20, 31, 64, 71, 95, 98, 108, 116, 136, 152, 153, 164, 165
conduit en fin de compte, 95, 116, 152
conduite éthique, 40, 52
confiance, 32, 35, 39, 63, 64, 68, 92, 93, 100, 111, 117, 123, 124, 125, 126, 127, 134, 136, 160
conflits intérieurs, 45, 119, 137
confort, 3, 14, 52, 134
confortable, 153
confronté à des échecs, 165
confronté à la malhonnêteté dans une transaction commerciale, 52
confronter les aspects, 137
connaissance, 2, 3, 11, 13, 15, 35, 37, 39, 67, 74, 83, 103, 120, 155, 163, 170

connaissances, 2, 20, 26, 39, 48, 69, 80, 96, 106, 133, 172
connexion, 5, 7, 33, 35, 109, 111, 112, 141, 153, 157
connexion plus profonde, 5, 7, 157
connexion plus profonde avec nous-mêmes, 5
consacrer du temps, 23
conscience, 2, 5, 6, 7, 9, 15, 20, 21, 22, 23, 25, 27, 28, 31, 33, 38, 61, 64, 65, 68, 72, 73, 75, 77, 79, 80, 81, 82, 83, 84, 85, 88, 89, 98, 99, 101, 103, 131, 137, 162, 163, 164, 165, 170, 171, 172
conscience de soi, 2, 9, 23, 25, 31, 33, 38, 73, 77, 80, 88, 89, 98, 99, 101, 103, 131, 162, 164, 165, 171, 172
conscience des réactions émotionnelles, 73
conscient, 6, 7, 8, 9, 13, 16, 21, 71, 78, 79, 80, 161
conseils, 10, 11, 14, 16, 35, 159, 165, 167
conseils pratiques, 14, 167
conséquences, 3, 42, 51
conséquences potentielles, 3, 51
considérer l'adversité comme une opportunité de croissance et d'apprentissage, 47
Considérer les défis comme des opportunités de croissance, 48, 92
considérer les revers comme des opportunités de croissance, 17
considérer les revers et les difficultés comme des obstacles, 48
constance, 158, 159
construire une résilience authentique, 101
Consulter un thérapeute ou un conseiller, 14
contempler, 74, 78, 157
contempler l'impermanence de la vie, 74

INDEX

contentement, 46, 47, 143, 153, 154
contexte, 34, 40, 41, 63, 66, 81, 109, 129, 140, 145, 167, 169
continu, 123, 157, 160
contraintes, 13
contribuent au développement personnel, 32
contribuer, 12, 26, 30, 43, 47, 50, 52, 76, 77, 82, 88, 90, 113, 128, 133, 159, 163, 166, 167, 168
contribuer à une société plus harmonieuse et plus compatissante, 47
contribuer au bien-être, 167, 168
contrôle, 1, 3, 9, 10, 53, 54, 55, 57, 59, 60, 62, 63, 64, 66, 67, 68, 69, 87, 89, 106, 132, 136, 146, 147, 162, 163, 164
contrôlé, 27, 164
contrôle basé sur la peur, 67, 68, 69
contrôler, 2, 11, 17, 22, 33, 40, 53, 54, 55, 56, 57, 58, 59, 60, 62, 64, 65, 66, 67, 68, 75, 96, 116, 133, 162, 163
contrôler la situation, 55, 64
contrôler les résultats, 54, 55
conversations, 111, 131, 134, 172
corps, 32, 72, 73, 76, 84, 85
correspond à vos valeurs, 42, 124, 127
courage, 3, 8, 9, 10, 16, 17, 27, 28, 29, 34, 39, 40, 41, 42, 49, 52, 61, 62, 64, 65, 80, 81, 82, 83, 89, 91, 95, 96, 113, 114, 132, 133, 134, 136, 137, 171
cours, 10, 23, 26, 63, 68, 100, 110, 117, 142, 166, 170, 172
cours en ligne, 172
créativité, 123
créer, 5, 6, 14, 26, 27, 28, 40, 43, 54, 82, 83, 84, 96, 109, 119, 120, 122, 158
créer un espace en soi pour accueillir ces émotions, 83
créer un mode de vie plus conscient et plus satisfaisant, 14

créer une vie, 43, 122
croissance, 11, 13, 15, 21, 22, 24, 25, 26, 34, 39, 45, 51, 52, 61, 62, 64, 65, 66, 68, 69, 81, 82, 83, 86, 92, 95, 96, 97, 98, 99, 102, 112, 114, 129, 131, 133, 134, 137, 140, 146, 149, 151, 154, 157, 159, 160, 161, 164, 167, 169, 170, 171
croissance personnelle, 13, 39, 62, 65, 83, 95, 129, 134, 137, 146, 157
croissance stoïque, 21, 22
croyance, 57, 58
croyances, 4, 23, 24, 25, 26, 38, 39, 44, 45, 58, 60, 62, 67, 82, 84, 85, 101, 102, 121, 122, 123, 132, 133, 136
croyances autolimitatives, 122, 123
croyances limitantes, 4, 39
croyances sous-jacentes, 23, 25, 85
crucial, 37, 54, 81, 97, 112, 116, 124, 144, 165, 167
cultiver, 2, 4, 5, 7, 8, 9, 11, 12, 13, 15, 16, 20, 22, 23, 29, 30, 31, 34, 38, 39, 40, 42, 44, 46, 47, 52, 61, 63, 64, 67, 68, 71, 72, 73, 74, 75, 78, 79, 81, 82, 84, 85, 88, 89, 90, 91, 92, 94, 97, 98, 101, 102, 103, 106, 107, 108, 109, 113, 114, 115, 116, 119, 122, 123, 127, 128, 129, 132, 133, 136, 140, 141, 145, 146, 147, 148, 149, 150, 151, 152, 155, 156, 157, 159, 167, 169, 170, 171, 172
Cultiver, 3, 10, 13, 17, 20, 35, 37, 42, 48, 49, 56, 59, 62, 64, 68, 73, 76, 77, 80, 82, 85, 93, 96, 100, 110, 114, 116, 117, 120, 127, 129, 130, 134, 137, 144, 151, 152, 164, 169, 171
Cultiver la, 3, 13, 17, 20, 37, 42, 49, 56, 59, 62, 68, 73, 80, 82, 96, 100, 130, 134, 144, 164, 171
cultiver la conscience, 34, 72, 79, 169

INDEX

cultiver la conscience de soi, 34, 79, 169
Cultiver la conscience de soi, 20, 62, 100, 171
cultiver la gratitude, 31, 46, 89, 156
Cultiver la gratitude, 130
cultiver la paix intérieure, 64, 68, 113, 114
Cultiver la pleine conscience, 144
cultiver la prudence financière, 47
cultiver la résilience, 9, 11, 31, 61, 63, 78, 82, 94, 133, 140, 159
cultiver la résilience émotionnelle, 9, 11, 78, 82, 159
Cultiver la résilience émotionnelle, 13, 17, 80, 82
cultiver la sagesse, 38, 52, 78
Cultiver la sagesse, 3, 37, 42, 49
cultiver la sagesse, le courage et la modération, 78
cultiver la tempérance, 52
cultiver la vertu, 155
cultiver l'autocompassion, 29, 108, 109
Cultiver l'auto-compassion, 137
cultiver le calme intérieur, 73
Cultiver le contentement dans le moment présent, 48
cultiver le détachement, 85
cultiver l'empathie, 34, 115, 116
cultiver les vertus essentielles à l'eudaimonia, 128
Cultiver l'intégrité et l'authenticité, 127
cultiver un état d'esprit de résilience, 63
Cultiver un mode de vie significatif et conscient, 17
cultiver un sens plus profond, 38, 64, 74
cultiver un sentiment d'appartenance, 167
cultiver un sentiment de paix intérieure, 47, 91
cultiver un sentiment d'intégrité et d'authenticité, 127

cultiver une appréciation plus profonde et plus authentique, 152
cultiver une joie durable, 151
cultiver une plus grande résilience émotionnelle, 8, 98
cultiver une vie, 123, 129, 136, 172
curiosité, 27, 74, 75, 76, 170
dans des circonstances difficiles, 119, 120
dans l'adversité, 80, 91, 94, 99, 148, 153
d'appréciation, 47, 49, 129, 141, 146, 154
de compassion, 16, 40, 49, 64, 66, 110, 113, 117, 118, 119, 120, 140
de gratitude, 12, 44, 48, 49, 68, 73, 79, 80, 131, 140, 141, 142, 144, 145, 147, 148, 149, 150, 158
de l'expérience humaine, 5, 29, 33, 35, 84, 85, 98, 101, 129, 132, 136, 149
de manière équilibrée et constructive, 62
de manière significative, 159
de nous-mêmes, 2, 4, 5, 8, 23, 24, 27, 28, 30, 31, 33, 34, 43, 61, 64, 66, 71, 73, 98, 106, 108, 115, 135, 170, 171
de pouvoir, 66
débrouillardise, 47
déception, 56, 99, 105, 154, 164
décisions, 3, 10, 14, 20, 22, 23, 29, 37, 38, 40, 42, 43, 52, 77, 96, 124, 126, 127, 128, 164
décisions réfléchies, 38, 40, 42
déclenchent votre colère, 76
déclencheurs, 9, 17, 19, 21, 22, 62, 65, 82, 85, 157
découverte, 7, 11, 15, 34, 35, 43, 44, 56, 61, 95, 96, 101, 102, 121, 122, 124, 126, 128, 135, 159, 167, 169, 171, 172
découverte de notre véritable vocation, 43

INDEX

découverte de soi, 7, 15, 61, 95, 96, 101, 102, 135, 159, 167, 169, 171, 172
découverte holistique de soi, 11
découvrir, 6, 8, 10, 11, 13, 19, 21, 23, 25, 38, 39, 43, 44, 57, 58, 59, 61, 62, 67, 73, 74, 79, 80, 82, 84, 88, 94, 95, 109, 121, 128, 130, 132, 133, 145, 153, 166, 170
Découvrir, 123
découvrir des aspects cachés, 11, 13
découvrir des aspects de nous-mêmes, 19
découvrir des idées précieuses, 94
découvrir des sources cachées de force et de sagesse, 73, 74
découvrir les préjugés, 39
découvrir notre véritable but, 128
défauts, 5, 7, 30, 32, 34, 66, 99, 118, 119
défauts à cacher ou à corriger, 30
défendre ce qui est juste, 38, 41
défendre des causes, 125, 127
défi, 3, 27, 42, 52, 89, 91, 93, 94, 107, 171
définir, 106
défis, 1, 2, 3, 4, 8, 17, 26, 34, 35, 39, 40, 41, 42, 47, 50, 51, 60, 64, 73, 78, 80, 81, 82, 83, 87, 88, 89, 90, 91, 92, 93, 94, 98, 101, 105, 108, 110, 126, 127, 128, 129, 131, 133, 134, 135, 137, 139, 145, 146, 147, 148, 151, 152, 153, 155, 156, 157, 158, 162, 163, 164, 165, 166, 168, 171, 172
défis contemporains, 41
défis temporaires, 172
demander de l'aide, 7
démanteler, 24, 25
démêler, 19, 85, 135
déroulement naturel, 63, 64
des émotions, 5, 6, 10, 25, 26, 28, 29, 35, 50, 60, 62, 72, 74, 76, 77, 81, 84, 85, 86, 98, 103, 110, 113, 114, 115, 116, 117, 140, 148, 150, 151, 157
des faiblesses, 101
des idées précieuses, 15, 95
des individus plus forts, 26
des moments de joie et de beauté pour lesquels il faut être reconnaissant, 153
des occasions d'apprendre et de grandir, 17, 65
des opportunités de croissance, 30, 31, 32, 60, 62, 88, 89, 90, 101, 107, 129, 131, 145, 169, 171
des outils pratiques, 11, 15
des peurs, 13, 24, 62, 88
des relations plus profondes et plus significatives, 34, 115, 152, 154
déséquilibre, 38
désir de contrôle, 66
désirs, 5, 24, 26, 38, 41, 43, 44, 45, 47, 108, 111, 121, 123
détachement, 56, 74, 75, 80
détermination, 1, 3, 17, 38, 40, 41, 50, 62, 81, 83, 88, 91, 92, 96, 126, 127, 164, 165
deuil, 150
développement, 8, 11, 13, 14, 15, 16, 26, 29, 30, 33, 35, 36, 39, 40, 51, 55, 62, 65, 71, 72, 73, 74, 80, 81, 94, 95, 96, 97, 98, 100, 114, 117, 119, 120, 122, 131, 134, 135, 137, 145, 146, 147, 150, 151, 153, 156, 158, 160, 161, 164, 166, 167, 169, 171, 172
développement holistique, 169
développement personnel, 8, 11, 14, 15, 16, 26, 29, 30, 35, 36, 39, 40, 51, 62, 65, 73, 74, 94, 95, 96, 100, 114, 117, 119, 120, 122, 131, 135, 137, 145, 146, 147, 151, 153, 156, 158, 160, 164, 166, 167, 169, 171, 172
développement personnel holistique, 167, 169
développer, 2, 4, 8, 10, 11, 12, 16, 17, 21, 22, 25, 27, 28, 29, 30,

INDEX

31, 32, 33, 34, 35, 40, 45, 47, 48, 56, 59, 60, 61, 63, 64, 66, 68, 72, 74, 75, 76, 78, 79, 81, 82, 84, 85, 88, 89, 90, 91, 92, 93, 94, 97, 98, 99, 101, 102, 103, 106, 112, 116, 118, 119, 120, 129,131, 133, 134, 136, 142, 144, 148, 152, 154, 155, 158, 161, 164, 165, 170, 172
développer la résilience, 16, 34, 64, 74, 82, 91, 92, 94, 97, 129, 164
Développer la résilience et la force intérieure, 17
développer la résilience mentale et émotionnelle, 16
développer le courage, 33
développer l'équanimité, 99
développer un sentiment de détachement et de non-réactivité, 84, 85
développer une attitude plus compatissante et plus douce, 30
développer une meilleure conscience de soi et une plus grande intelligence émotionnelle, 17
développer une résistance mentale et émotionnelle, 165
devenir plus fort, 17
devenir plus résilient, 97, 99
dévoile, 101
dévouement, 61, 160, 161
d'exister dans le monde, 98
dialogue positif avec soi-même, 106
dichotomie du contrôle, 1, 9, 57, 66, 94, 136
différence significative, 159
difficile, 5, 24, 37, 40, 42, 51, 76, 80, 84, 89, 95, 113, 115, 116, 127, 140, 150, 153, 159
difficultés, 40, 44, 47, 49, 56, 80, 81, 88, 89, 96, 97, 98, 99, 100, 112, 131, 140, 145, 146, 147, 152, 153, 161, 163, 165, 168, 169
difficultés futures, 100
d'intégrer vos passions, 124

d'interconnexion, 49, 154, 167, 169
direction, 9, 127
diriger, 54, 87
discernement, 72
dispute, 117
donner la priorité au développement personnel, 159
douleur non résolue, 118
doute, 51, 135, 137, 165, 166, 168
doutes, 122, 123
durable, 16, 101, 102, 103, 151, 152, 154, 158, 160
échec, 92, 102, 158, 164
échecs, 35, 38, 52, 83, 101, 102, 106, 107, 131, 159, 161, 163, 171, 172
échecs permanents, 172
effets à long terme sur votre trajectoire professionnelle, 51
efficace, 3, 58, 90, 158
efficacement, 32, 49, 99, 163, 170
effort conscient, 3, 21, 100, 115, 134, 142
égalité, 40
ego, 108, 111
élément clé, 49, 97, 142
embouteillage, 54, 55
embrasser, 11, 28, 29, 30, 32, 56, 62, 64, 129, 132, 137, 167
Embrasser, 83, 101, 118, 134
embrasser les aspects sombres, 29
émotions, 1, 2, 3, 4, 5, 6, 9, 12, 13, 14, 17, 19, 20, 21, 22, 23, 24, 25, 26, 27, 28, 29, 30, 34, 35, 38, 51, 52, 58, 59, 60, 61, 64, 65, 67, 72, 73, 75, 76, 77, 78, 79, 80, 81, 82, 83, 84, 85, 86, 90, 91, 93, 98, 100, 101, 102, 103, 108, 109, 111, 114, 118, 119,120, 146, 148, 149, 150, 156, 157, 163, 164, 170, 171
émotions désagréables, 27, 29, 164
émotions difficiles, 100
émotions négatives, 60, 109, 146, 148
émotions non résolues, 13
émotions positives, 118

INDEX

émotions refoulées, 64, 65
empathie, 3, 38, 40, 75, 77, 105, 114
empêcher ces émotions d'obscurcir notre jugement, 50
empereur romain, 113
emporté, 117
en accord avec ce qui compte vraiment pour vous, 14
en accord avec nos convictions les plus profondes, 126
en accord avec nos valeurs, 44, 51, 132, 133
en accord avec vos valeurs fondamentales, 128
en conflit avec nos valeurs, 125
en cours, 124, 170
en harmonie avec notre moi authentique, 128
En outre, 8, 9, 12, 15, 16, 20, 24, 31, 33, 34, 44, 50, 54, 61, 67, 75, 79, 81, 84, 87, 91, 94, 95, 97, 98, 100, 101, 106, 113, 122, 125, 129, 132, 133, 134, 135, 136, 143, 146, 149, 152, 156, 159, 163, 166, 170
en pleine conscience, 28, 72, 83
en pratiquant l'autoréflexion et la prise de conscience, 51
En pratique, 101
en temps réel, 20
encourager, 159, 166
engagé, 134, 159
engageant, 15, 39, 45, 61, 79, 90, 100, 123
engagement, 100, 133, 159, 160, 161, 169, 172
engagement actif, 100
engagement en faveur du développement personnel, 172
engagement sincère, 160
enrichissent votre vie, 48
enrichit, 101, 144, 167
enseignants, 62
enseigne, 8, 26, 43, 47, 53, 58, 62, 66, 94, 143, 162
enseignements pratiques de la philosophie stoïcienne, 93
environnement de confiance et d'empathie, 34, 35
envisager, 78, 88, 91, 103
envisager les pires scénarios, 78
épanouissant, 6, 13, 78, 79, 145
épanouissement, 25, 49, 96, 122, 128, 130, 134, 143, 144, 145, 169
équanimité, 38, 53, 79, 98
équilibre, 3, 40, 42, 50, 63, 64, 67, 130, 153
équilibré, 116, 148
équilibre émotionnel, 3
équilibre entre l'intérêt personnel et la compassion pour les autres, 50
équilibre harmonieux, 67
équité, 1, 3, 9, 40, 42, 49, 50
erreur, 32, 119
erreurs, 7, 32, 33, 35, 65, 66, 114, 118, 136, 137
espace, 6, 27, 28, 29, 68, 69, 72, 74, 75, 76, 81, 82, 84, 85, 86, 109, 111, 157, 165, 168
essence, 123, 129
essentiel, 19, 24, 37, 44, 45, 46, 57, 62, 63, 66, 73, 80, 88, 94, 100, 101, 108, 117, 118, 121, 122, 135, 139, 158, 159, 162, 169, 170, 171
essentiel pour intégrer les principes stoïciens, 73
estime de soi, 7, 107
établir, 27, 120, 160
étape, 4, 5, 128, 132, 142, 150
état d'esprit, 17, 30, 31, 44, 46, 47, 49, 55, 60, 61, 64, 66, 74, 79, 80, 81, 89, 92, 95, 96, 97, 106, 131, 133, 134, 139, 140, 141, 145, 146, 147, 148, 158, 164, 165, 170, 172
état d'esprit d'acceptation et d'équanimité, 47
état d'esprit de croissance, 95, 131, 172

INDEX

état d'esprit de pleine conscience et d'acceptation, 74
état d'esprit stoïque, 17, 61, 81, 96, 133, 134
état d'esprit vertueux, 44
état intérieur, 54
être reconnaissant, 148, 149, 152, 154
évaluation réaliste, 63
évaluer, 57, 125, 157, 161
événements, 2, 21, 63, 65, 79, 80, 116, 155, 157, 162
événements extérieurs, 2, 63, 155, 157, 162
éviter, 2, 3, 17, 25, 26, 35, 40, 41, 74, 117, 149
évoluer, 123, 161
évoluer au fil du temps, 161
évolution, 122, 155
évolution personnelle, 155
examiner, 8, 19, 88, 90
excès, 42
exemple de réussite dans une situation difficile grâce à la vertu, 50
exercice de gratitude, 159
exercice utile, 54
exercices de pleine conscience, 64, 80, 157
exercices pratiques, 15, 16, 17, 168
expérience, 13, 33, 47, 55, 83, 95, 96, 99, 102, 107, 134, 140, 146, 148, 151, 172
expérience d'apprentissage précieuse, 99
expérience humaine, 134
expérience plus authentique et plus ouverte de la vie, 33
expériences, 10, 19, 26, 30, 31, 32, 34, 40, 46, 47, 48, 63, 72, 74, 82, 85, 90, 95, 96, 97, 100, 101, 102, 103, 108, 109, 110, 111, 112, 114, 117, 120, 121, 123, 131, 134, 137, 139, 140, 141, 142, 147, 149, 151, 156, 157, 158, 160, 162, 166

expériences agréables et difficiles, 74
expériences passées, 90, 100, 101, 117
expériences précieuses, 30, 32
expériences transformatrices, 158
exploiter, 24, 61
explorer, 8, 10, 17, 38, 43, 69, 81, 82, 84, 85, 88, 90, 95, 101, 130, 136, 170, 171
explorer les aspects les plus sombres de notre psyché, 81
expressions, 119
exprimer, 6, 13, 36, 45, 140, 146, 165, 168
exprimer sa gratitude pour, 146
exprimer ses difficultés, 168
face à l'adversité, 2, 4, 12, 38, 40, 42, 44, 50, 72, 79, 81, 82, 83, 88, 89, 91, 92, 93, 97, 99, 100, 163, 166, 171
face à l'échec, 114
facilité, 63, 90, 92
faciliter, 13, 15, 85
façonné, 100, 137
façonner une vie, 128
facteurs, 47, 48, 57, 63, 89, 107, 116, 164
faiblesse, 34, 63, 101, 102
faiblesses, 99, 155, 169, 171
faire des changements, 124
faire des choix conscients, 4, 20, 21, 77, 131
faire des choix qui reflètent notre engagement, 125
faire des choix qui reflètent votre engagement, 127
faire face, 4, 9, 12, 17, 34, 39, 41, 52, 78, 80, 82, 90, 91, 93, 96, 97, 98, 101, 102, 133, 164
faire face à l'adversité, 34, 41, 82, 96, 98, 101, 102, 133, 164
faire face aux défis de la vie, 78, 93, 97, 101
faire face aux défis et aux revers, 17
faire face aux émotions désagréables, 9

INDEX

faire partie d'une communauté, 166, 167
faire preuve de compassion, 108, 117
Faire preuve de tempérance, 51
faire une pause, 19, 85
Faites du bénévolat, 49
fardeau, 54, 109, 110, 113
favorise le sens de la communauté, 47
favoriser, 7, 12, 14, 20, 29, 33, 34, 49, 54, 106, 116, 117, 118, 126, 141, 148, 149, 152, 156
favoriser des liens authentiques avec les autres, 33
favoriser l'autonomie, 54
favoriser le pardon, 118
Favoriser l'empathie et le soutien aux autres, 49
favoriser l'épanouissement personnel, 29, 117
favoriser un sentiment d'interconnexion, 152
feuille de route pour la découverte de soi, 16
fixation, 57, 58, 159
fixer des limites, 40, 117, 125, 127
flexibilité, 64
flux, 55, 56
fondement, 37, 105
force, 2, 10, 12, 16, 27, 29, 31, 40, 41, 42, 47, 56, 58, 61, 63, 78, 80, 81, 82, 87, 88, 89, 90, 91, 92, 93, 95, 96, 97, 98, 99, 100, 112, 128, 133, 134, 145, 146, 147, 149, 150, 152, 153, 154, 163, 164, 165, 166, 171
force collective, 166
force d'âme, 41, 82, 89, 90, 92, 95, 99
force émotionnelle, 88, 89, 98, 99
force intérieure, 2, 12, 16, 27, 29, 31, 40, 42, 47, 56, 58, 61, 78, 80, 81, 91, 92, 93, 112, 133, 152, 163
force mentale, 96, 133, 171

force mentale et émotionnelle, 96, 171
forces, 44, 82, 83, 98, 155, 169, 171
forme, 101, 102, 103, 120, 122, 160, 161
frustration, 3, 47, 50, 53, 54
futur, 116, 117
gagner en clarté, 38
gentillesse, 3, 28, 29, 30, 32, 66, 77, 84, 85, 107, 108, 109, 110, 114, 118, 119, 120, 134, 136, 137, 140, 141, 154, 158
gérer calmement, 99
grâce, 16, 17, 26, 29, 31, 34, 42, 55, 56, 63, 76, 77, 78, 79, 80, 82, 87, 89, 98, 106, 110, 111, 112, 151, 152, 160, 164
grâce et compréhension, 110
grâce et résilience, 42, 55, 76, 77, 80
grandir, 14, 56, 91, 94, 97, 113, 115, 137, 172
gratifiant, 5, 13, 113, 169
gratitude, 2, 44, 46, 47, 48, 129, 131, 140, 141, 142, 146, 147, 148, 149, 150, 151, 152, 153, 154, 156
Grèce, 1
groupe de discussion stoïcien local, 167
groupe de soutien, 159, 160, 165, 168
groupe de soutien local, 168
groupe virtuel de méditation stoïcienne, 169
guérir, 29, 59, 61, 84, 96, 108, 109, 114, 115, 116, 117
guérison, 10, 111, 164
guide, 45, 78, 127, 128
harmonie, 122, 126, 127, 169
harmonieux, 3, 48, 112
holistique, 11, 43, 74, 97, 101, 103, 115, 136
honnête, 25
honnêtement, 13, 19, 24, 33, 79
honnêteté, 33, 41, 42, 80, 99
honnêteté émotionnelle, 99

INDEX

honte, 30, 84, 85
honteux, 5
humain, 4, 7, 26, 30, 60, 107, 128, 143, 148, 169
humanité, 30, 34, 105, 109, 110
humilité, 112
idées abstraites, 93
identifier, 9, 10, 19, 21, 43, 57, 67, 68, 79, 143, 156, 157
identifier les domaines, 10, 157
Identifiez vos valeurs fondamentales, 14, 126
illustrer, 75, 122, 167
imaginer, 4, 72, 92
impact positif sur votre vie, 48
impact transformateur, 116
imperfections, 5, 6, 7, 8, 30, 31, 32, 33, 35, 65, 105, 107, 109, 110, 118, 119, 162, 164
impermanence, 88, 90
implique de traiter, 38
importance, 23, 33
important, 28, 30, 31, 40, 44, 47, 50, 63, 67, 72, 74, 81, 84, 97, 98, 100, 109, 116, 119, 122, 124, 126, 135, 159, 161, 165, 171
important dans le bruit, 40
incarner ces valeurs, 124
incarner les principes du stoïcisme et du travail de l'ombre, 50
incertitudes, 41, 50, 62, 131, 133, 136, 137
inconfort, 50
inconfortable, 84
inconscients, 6, 8, 10, 13, 18, 57, 79, 80
Incorporer, 17
indésirable, 5
inévitable, 88, 90, 97, 162
inévitablement, 93, 159
influence, 55, 89, 146
influencé, 101, 156
influencer, 1, 8, 46, 85, 87, 102, 109, 116, 163, 164
insécurité, 90
insécurités, 11, 13, 24, 33, 35, 36, 38, 39, 43, 45, 52, 62, 64, 65, 67, 68, 75, 77, 88, 90, 114, 117, 132, 134, 135, 136
insurmontable, 91, 158
intégration, 5, 9, 12, 19, 20, 46, 67, 68, 74, 84, 101, 136
intégration des aspects de l'ombre, 74
intégration transformatrice et significative de notre ombre, 19
intégrée, 106, 115, 149, 164
intégrer, 6, 7, 8, 9, 10, 15, 17, 20, 22, 28, 29, 37, 40, 45, 61, 62, 69, 72, 78, 81, 82, 83, 95, 96, 100, 101, 105, 118, 129, 132, 135, 136, 137, 140, 149, 152, 158, 159, 160, 161, 162
Intégrer, 29, 52, 62, 74, 147, 154, 157, 159, 165
intégrer ces philosophies dans votre vie quotidienne, 15
intégrer la gratitude dans notre vie, 152
intégrer le stoïcisme et le travail de l'ombre, 17
Intégrer le travail de l'ombre, 52, 62
intégrer les principes, 40
intégrer véritablement le stoïcisme, 100
intégrité, 10, 38, 39, 41, 42, 50, 51, 128
intégrité morale, 39
intelligence émotionnelle, 21, 22
intention, 72, 110, 152
interaction, 21, 110
interactions, 3, 9, 38, 45, 55, 109, 111, 112, 125, 130, 134
interconnexion, 166
intérêts, 127, 172
intersection, 2, 16
intriguant, 7
introspection, 9, 10, 39, 44, 80, 124, 128, 130, 132, 133, 135, 136, 165
introspection profonde, 135
joie, 46, 121, 123, 131, 142, 143, 144, 145, 146, 147, 148, 151, 152, 153, 154

INDEX

journal, 9, 13, 39, 44, 59, 62, 65, 68, 82, 102, 110, 123, 131, 133, 136, 140, 141, 144, 156, 157, 159, 161

journal quotidien, 62, 65

jugement, 13, 23, 25, 27, 28, 32, 75, 76, 77, 78, 82, 84, 86, 93, 106, 108, 109, 110, 111, 150, 164, 171

jugements sains, 1, 40

juste, 42

justice, 1, 8, 38, 41, 52, 125, 130, 167

la beauté de la nature, 46, 142, 154

la colère est temporaire, 28, 29

la compassion, 5, 32, 34, 35, 83, 85, 108, 109, 111, 112, 113, 114, 116, 117, 118, 119, 120, 123, 124, 125, 126, 134, 136, 152, 153, 157

la compassion est une valeur fondamentale, 125

la compréhension, 17, 34, 35, 38, 39, 43, 50, 52, 66, 85, 88, 109, 110, 112, 115, 116, 118, 137, 139, 165, 168

la conscience, 6, 8, 9, 11, 12, 13, 15, 19, 20, 21, 29, 31, 32, 39, 61, 62, 64, 65, 68, 69, 73, 75, 76, 77, 96, 98, 101, 119, 135, 136, 157, 160, 161

la conscience de soi, 6, 8, 9, 11, 12, 13, 15, 19, 20, 39, 64, 65, 68, 69, 96, 98, 101, 119, 135, 136, 157, 160, 161

la découverte de soi, 4, 6, 8, 11, 62, 64, 85, 123, 141, 153, 158, 160, 169, 170, 171, 172

la détermination, 93, 94

la durabilité est importante pour vous, 125

la force d'affronter les obstacles, 50

la force intérieure, 8, 41, 54, 79, 82, 92, 93, 94, 96, 98, 106

la gratitude, 4, 14, 44, 46, 47, 74, 88, 111, 129, 130, 139, 140, 141, 144, 146, 147, 148, 149, 150, 151, 152, 153, 154, 155, 157, 158

La gratitude, 46, 139, 140, 142, 145, 148

la gratitude joue un rôle essentiel, 129

la guérison, 9, 11, 12, 58, 75, 106, 107, 113, 115

la joie, 23, 44, 45, 47, 110, 111, 134, 142, 143, 144, 145

la joie et l'épanouissement dans le moment présent, 47

la justice, 1, 10, 37, 38, 39, 41, 42, 43, 52, 125, 126, 127, 128, 130, 168, 169

la manipulation des événements, 54

la méditation, 4, 56, 62, 64, 65, 68, 71, 72, 73, 74, 77, 85, 91, 92, 100, 130, 131, 157, 159, 161, 171

la méditation de pleine conscience, 4, 68, 85, 161

la nature de nos attachements, 58

la nature temporaire de toutes les expériences, 74

la non-réactivité, 85

la paix, 13, 46, 48, 54, 56, 58, 59, 61, 62, 63, 64, 66, 71, 79, 80, 134, 143

la paix intérieure, 13, 58, 63, 64, 71, 79

la peur, 5, 6, 20, 21, 26, 27, 28, 29, 30, 38, 60, 61, 62, 66, 67, 68, 76, 82, 122, 146, 163, 165

La peur, 60

la pleine conscience, 2, 5, 12, 17, 23, 27, 29, 31, 32, 49, 56, 58, 59, 61, 62, 64, 65, 67, 71, 72, 73, 74, 81, 82, 85, 91, 96, 106, 108, 129, 131, 142, 144, 158, 161, 163, 164, 171

La pleine conscience, 27, 71, 163

la pleine conscience et l'acceptation, 67, 72

la poursuite de l'eudaimonia, 122

la prise de conscience, 4, 22, 23, 25, 35, 36

INDEX

la recherche d'un sens et d'un but, 44
la réflexion et l'appréciation, 46, 48
la réflexion sur les progrès accomplis, 155
la résilience, 2, 4, 8, 11, 12, 13, 16, 20, 22, 31, 34, 35, 58, 59, 62, 64, 68, 69, 71, 80, 81, 82, 90, 91, 93, 95, 96, 97, 98, 100, 101, 102, 106, 114, 125, 131, 133, 134, 136, 139, 141, 146, 147, 149, 150, 153, 155, 156, 163, 164, 165, 166, 171, 172
La résilience, 80
la résilience émotionnelle, 11, 12, 16, 20, 22, 35, 80, 81, 163, 164
la résistance mentale et émotionnelle, 81, 82, 83, 97, 98
la respiration superficielle, 29
la sagesse, 1, 4, 9, 10, 11, 15, 16, 17, 39, 40, 42, 43, 44, 51, 78, 79, 88, 98, 100, 128, 130, 166, 169
La sagesse, 37
la sagesse ancienne du stoïcisme, 11, 15, 78
la sagesse du stoïcisme, 17, 44, 88, 100
la sagesse intemporelle du stoïcisme, 9, 16, 79
la santé, 143
la satisfaction, 46, 48
la tempérance, 1, 10, 37, 39, 41, 42, 43, 50, 128, 130, 135, 137, 169
la tenue d'un journal, 17, 18, 35, 36, 52, 77, 85, 96, 100, 102, 110, 128, 130, 131, 161
la transformer en une source de force et de sagesse, 20, 22
la tristesse, 5, 6, 26, 29, 93
la vertu, 2, 10, 17, 30, 39, 49, 58, 132, 167, 168
la vie de tous les jours, 53
la vie quotidienne, 17, 18, 40, 52, 130
la vulnérabilité, 5, 6, 7, 33, 34, 35, 50, 67, 111, 132, 171

l'acceptation, 5, 8, 12, 14, 17, 21, 28, 30, 31, 55, 60, 63, 64, 67, 68, 69, 74, 80, 82, 101, 103, 106, 107, 119, 120, 136, 148, 152, 156, 158
lâcher prise, 117
lacunes, 106, 107, 136, 137
l'adaptabilité, 31, 159
laisser nos émotions guider nos actions et nos réactions, 49
l'amour, 94, 95, 105, 108, 109, 110, 112, 113, 115, 118, 119, 120, 147
l'amour du destin, 94, 95, 106
l'art, 101, 103, 161
l'attachement, 64
l'authenticité, 7, 13, 22, 31, 34, 64, 135
l'autocompassion, 7, 28, 31, 32, 35, 45, 65, 77, 85, 105, 106, 107, 108, 112, 113, 114, 119, 123, 136, 137, 156, 158
l'autocritique, 7, 105, 107
l'autodiscipline, 42
l'autoréflexion, 4, 6, 8, 9, 12, 13, 15, 18, 19, 20, 21, 22, 23, 25, 35, 36, 38, 39, 49, 52, 68, 78, 85, 95, 96, 100, 110, 120, 121, 123, 129, 136, 158, 159
l'autoréflexion et la pleine conscience, 6, 13
l'autoréflexion et l'introspection, 39, 68
l'avenir, 21, 45, 60, 101, 117
le bien-être, 42, 106, 107
le concept de contrôle, 16, 66
le concept de l'ombre, 15, 16
le contentement, 14, 46, 47, 48, 80, 139, 140, 142, 152
le courage, 1, 3, 10, 37, 38, 39, 41, 42, 43, 51, 93, 124, 128, 130, 135, 137, 156, 169
Le courage, 1, 38, 49
le développement personnel, 2, 4, 6, 9, 29, 39, 61, 76, 77, 79, 118, 134, 149, 158, 166, 168
le jugement, 51

INDEX

le moment présent, 2, 4, 14, 18, 47, 61, 72, 73, 74, 79, 80, 84, 88, 89, 129, 139, 142, 144, 151, 153
le pardon, 66, 109, 110, 113, 114, 115, 116, 117, 120, 137
Le pardon, 113, 115, 116, 117, 118
le passé, 83, 93, 116, 117
le pire résultat possible, 89, 99
Le pouvoir de la vulnérabilité, 5, 33, 34
le processus introspectif du travail de l'ombre, 15
le soi, 29, 76
Le stoïcisme, 1, 2, 8, 9, 12, 43, 47, 53, 54, 57, 60, 62, 67, 88, 94, 97, 151, 163
Le travail de l'ombre, 4, 13, 57, 58, 88, 109, 143
leçons apprises, 95, 154
l'écoute active, 40, 111
lectures recommandées, 166, 168
l'égalité, 125, 127
l'empathie, 34, 35, 50, 66, 108, 109, 111, 112, 113, 115, 116, 119, 120, 152, 153
l'énergie, 53
l'engagement, 73, 101
l'engagement en pleine conscience, 73
l'épanouissement, 22, 33, 73, 75, 82, 115, 121, 128, 132, 134, 135, 144, 147, 150, 165, 166, 169
l'équanimité, 67, 68, 91
les actions, 54, 55, 60, 96, 115, 117, 157, 164
les actions des autres, 54, 55, 60
les activités et les projets, 128
les aspects obscurs, 13, 27, 67, 69, 76, 77, 83, 93, 96, 99, 113, 118, 119, 120, 129, 130, 135, 136, 147, 152, 158
les aspects obscurs de la résilience, 83, 99
les aspects positifs de votre vie, 48, 141, 153
les autres, 1, 3, 5, 7, 33, 34, 38, 40, 42, 45, 46, 48, 49, 56, 64, 66, 67, 101, 108, 109, 110, 111, 112, 113, 114, 118, 119, 120, 123, 125, 134, 144, 152, 153, 167, 168, 169
les complexités de la vie, 2, 38, 39, 78, 80, 126, 153
les connaissances acquises grâce au travail de l'ombre, 152
les considérer comme des défauts, 101
les défis de la vie, 12, 31, 92, 130
les domaines dans lesquels nous pouvons nous développer personnellement, 19
les domaines qui requièrent encore de l'attention et de la croissance, 156
les émotions, 6, 8, 10, 11, 12, 16, 17, 24, 25, 27, 28, 29, 51, 52, 54, 72, 74, 76, 81, 82, 83, 84, 86, 88, 91, 93, 96, 98, 99, 100, 102, 113, 114, 120, 148, 149, 157, 162, 163, 164, 170
les émotions de l'ombre, 81, 82, 83, 86, 91, 163
les émotions des autres, 54
les émotions désagréables, 6, 17, 24, 25, 27, 28, 29, 162, 164
les émotions négatives, 120, 148, 149, 164
les événements extérieurs, 54, 60
les expériences actuelles, 102
les expériences passées, 88
les exprimer, 7, 99
les liens entre, 101, 102
les moments de croissance, 156
les moments de faiblesse, 102
les observer, 27, 28
les opinions, 54, 114
les opportunités, 92, 95, 131, 139
les personnes, 46, 48, 58, 152, 154
les perspectives profondes du travail de l'ombre, 16
les petits plaisirs de la vie, 48, 143
les peurs et les angoisses les plus profondes, 129

les pires scénarios, 2, 79, 83, 90, 92, 97, 99
les réactions émotionnelles, 23, 25
les reconnaître sans les juger, 74
les relations, 24, 42, 114, 120, 139, 140, 150
les réponses aux défis, 52
les schémas comportementaux récurrents, 23
les schémas inconscients, 14
les schémas récurrents ou les déclencheurs, 156
les sensations physiques, 28, 76
les techniques proposées dans le livre, 17
les textures, 73
les traits d'ombre individuels, 24
les traumatismes passés, 102, 110
les valeurs et principes personnels, 52
les valeurs personnelles, 18
l'examen de conscience, 79, 155, 157
l'harmonie, 64, 68, 108
l'humanité, 108, 110, 112, 113, 114
libérer, 4, 5, 6, 55, 59, 63, 67, 68, 69, 85, 109, 113, 115, 136
liberté émotionnelle, 5, 24, 25, 58, 59, 67
lié, 8, 124, 137
limites, 16, 27, 30, 53, 106, 107, 116, 117, 164
l'impact, 97, 112, 147, 161, 165, 167
l'impermanence, 2, 27, 28, 58, 59, 73, 88, 89, 148
l'importance, 2, 8, 44, 45, 62, 78, 79, 91, 92, 94, 112, 132, 139, 155, 163, 167
l'incroyable pouvoir de la vulnérabilité, 33
l'insécurité, 5, 6, 20, 21
l'intégration des aspects de l'ombre, 156
l'introspection, 5, 17, 35, 38, 39, 67, 90, 121, 122, 123, 130, 131, 155, 156, 157, 170, 171

Lire des livres, 16
liste de trois choses, 14, 48
livre, 2, 15, 16, 17, 55, 124
livres, 11, 39, 69, 170
l'observation sans jugement, 77
l'occasion d'améliorer vos compétences en matière de résolution de problèmes, 48
lumière, 4, 20, 61, 111, 127, 129, 132, 149, 151
lutte émotionnelle, 84, 85
luttes, 7, 34, 35, 88, 89, 97, 108, 110, 133, 135, 136, 137, 152, 153
maintenir, 3, 41, 44, 51, 52, 54, 77, 80, 91, 129, 156, 158, 159, 160, 163, 167
maintenir la cohérence, 167
maintenir l'équilibre, 41
maintenir un sentiment de stabilité au milieu du chaos, 80
maintenir une pratique quotidienne, 129, 158
maintenir une relation de travail harmonieuse, 51
maintenir une stabilité émotionnelle dans les situations difficiles, 52
maintien, 55, 129, 159, 160, 161
maîtrise de soi, 1, 2, 3, 8, 22, 38, 40, 41, 42, 49, 51
malaise, 28, 74
malentendus, 112
mantras, 106, 108
masques, 5, 7
mécanismes d'adaptation, 56, 101, 102
méditation, 25, 71, 84, 93, 156, 157, 160
meilleur équilibre émotionnel, 12
meilleure compréhension de nous-mêmes, 2, 8, 19, 27, 33, 50, 75, 98
meilleure connaissance de soi, 13, 82, 164
meilleures décisions, 99
même dans les situations difficiles, 40, 44, 73

INDEX

mental, 72, 94, 145
mentor, 154, 159, 160
mentors, 170, 172
mesures pratiques, 32, 40, 56, 108, 115
mettre en lumière, 5, 6, 24, 27, 62, 96
microgérer, 54
mieux comprendre, 5, 10, 16, 19, 21, 24, 49, 57, 59, 65, 75, 76, 77, 88, 90, 101, 102, 114, 136
mieux équipés pour naviguer, 126
minimiser, 90, 100, 152, 153
mise en œuvre, 32
mode de vie, 6, 7, 12, 13, 16, 78, 79, 125, 126
modération, 1, 3, 38, 40, 41, 42
modération dans les pensées, les actions et les désirs, 42
moment présent, 14, 31, 32, 44, 45, 61, 63, 68, 72, 79, 80, 134, 160, 161
moments, 28, 42, 72, 82, 84, 85, 98, 99, 101, 102, 108, 111, 112, 121, 123, 129, 131, 141, 142, 143, 144, 145, 146, 147, 151, 152, 153, 154, 159, 161, 162
moments de doute, 101, 102
moments de joie et de beauté, 152
monde intérieur, 54, 77, 83, 85, 136
motifs sous-jacents, 9
motivation, 83, 150, 159, 160, 167, 168
motivations, 4, 5, 7, 10, 19, 22, 23, 25, 68, 79, 80
motivations inconscientes, 5, 10
motivé, 159, 167
moyen efficace, 67, 71, 156
moyens les plus efficaces, 158
musique, 54, 55, 86, 101, 103, 145
musique apaisante, 54, 86
nature des défis, 16, 97, 98
nature transitoire, 72
naturel, 29, 50, 53, 56, 68, 143, 145, 148, 152

naviguer, 2, 9, 10, 15, 38, 39, 40, 41, 42, 49, 50, 52, 55, 76, 78, 80, 98, 110, 124, 127, 132, 135, 136, 137, 156, 163
Naviguer, 127
naviguer dans la complexité, 110
naviguer dans la vie, 40, 55, 98
naviguer dans les complexités de la vie contemporaine, 42
naviguer dans les complexités de votre monde intérieur, 15, 76, 156
naviguer dans les défis de la vie, 15
naviguer sur le chemin, 124
ne définit pas la situation, 29
nécessaire, 16, 24, 34, 41, 82, 84, 85, 91, 92, 94, 96, 98, 99, 120, 171
nécessite un changement, 95, 105
négatives, 26, 65, 74, 76, 93, 110, 113, 114, 115, 116, 117, 148, 150, 152
nier, 27, 61, 66, 83, 98, 99, 103, 132, 134, 146, 147, 148, 152, 163, 164
niés, 23, 30, 43, 170
non-attachement, 58, 59, 74
non-jugement, 21
normaliser les expériences, 166, 168
nos réactions émotionnelles, 49, 72
nourrir, 46, 88, 139
nourrir une attitude positive, 46
nous permet de faire des choix, 79, 126
nous permet de vivre une vie, 44, 126
nous permet d'intercepter et de traiter nos schémas d'ombre, 20
nous propulser vers l'avant, 61
nous-mêmes, 4, 5, 19, 28, 30, 33, 34, 43, 58, 64, 75, 85, 106, 107, 108, 109, 110, 112, 113, 114, 115, 119, 152, 171
nouvelles expériences, 126, 127
nouvelles habitudes, 158, 160
nouvelles possibilités, 34, 63, 66, 161

INDEX

objectif, 9, 14, 45, 46, 122, 124, 131, 135, 136, 160, 161
objectifs, 3, 24, 26, 42, 50, 56, 64, 77, 124, 134, 145, 159, 160, 161, 165, 171, 172
objectifs à long terme, 3, 50, 165, 172
objectifs personnels, 24, 26, 56
observation, 75, 76, 77
observer, 9, 12, 29, 31, 32, 58, 59, 61, 62, 75, 80, 82, 91, 106, 108, 163, 164
observer l'accélération du rythme cardiaque, 29
observer nos pensées et nos émotions, 75, 81, 106, 163
observer nos pensées et nos émotions sans porter de jugement, 81, 163
obstacles, 3, 41, 51, 54, 60, 87, 88, 90, 91, 93, 96, 97, 118, 122, 123, 145, 147, 172
obstacles existentiels, 123
obstacles extérieurs, 54
Offrez-vous le pardon, 137
offrir, 108, 110, 120, 142, 159, 166
ombre, 9, 10, 20, 21, 22, 28, 43, 64, 82, 94, 140, 148, 156
ombres intérieures, 169
opinions, 36
opportunité, 22, 26, 83, 92, 95, 96, 102, 140
opportunités, 26, 44, 61, 63, 81, 82, 87, 91, 94, 97, 99, 124, 128, 134, 159, 162, 165
opportunités de croissance, 44, 61, 94, 165
opportunités de développement personnel, 81, 82, 87, 91, 97, 99, 128
oreille attentive, 35
outil, 2, 34, 35, 139, 140, 157
outils, 2, 8, 78, 79, 81, 83, 89, 94, 132, 166, 168
ouvert d'esprit, 161
ouverte, 63, 126, 162
ouverture d'esprit, 66

paix, 12, 28, 29, 46, 54, 58, 59, 67, 68, 79, 92, 107, 110, 115, 116, 133, 140
paix intérieure, 28, 29, 54, 67, 68, 79, 92, 107
paralyser, 60
pardon, 109, 110, 114, 116, 119, 136, 137
pardonner, 117, 118, 120, 136
partage, 36, 161
partenaire romantique, 117
participer à des ateliers, 16
partie cruciale, 4, 85
partie importante, 134, 160
partie naturelle, 134
parties, 4, 5, 7, 29, 33, 35, 43, 50, 51, 64, 66, 98, 99, 106, 107, 115, 135, 137
parties blessées, 29
parties reniées, 64, 135
pas à l'abri de l'échec, 33
passion, 122, 123
passions, 36, 43, 44, 56, 95, 121, 123, 130
passivité, 63, 149, 150
pause, 3, 17, 42, 68, 69, 73, 77
paysage émotionnel, 72, 101, 103
paysage intérieur, 76, 77
paysages intérieurs, 166
pensées, 2, 3, 4, 6, 8, 9, 12, 13, 19, 20, 21, 23, 25, 27, 28, 32, 36, 38, 39, 41, 44, 53, 55, 57, 58, 59, 60, 61, 62, 63, 65, 71, 72, 73, 74, 75, 76, 77, 78, 79, 80, 82, 84, 91, 93, 106, 108, 111, 124, 132, 133, 144, 155, 156, 157, 164, 170, 171
pensées autocritiques, 84, 106, 108
pensées spécifiques, 76
perception, 27, 60, 88, 137
perçue comme une faiblesse, 33
perfection, 35, 64, 65, 159, 161
perfectionnisme, 54
performance, 51
périodes difficiles, 87, 89, 145, 146, 147
permission, 6

INDEX

persévérance, 16, 129, 131, 171, 172
personnalité, 4, 6, 7, 8, 10, 11, 13, 23, 27, 32, 36, 45, 56, 76, 77, 124, 126, 127, 128, 165
personne, 4, 7, 11, 20, 28, 29, 35, 43, 47, 48, 57, 58, 67, 68, 78, 80, 110, 111, 113, 114, 115, 116, 120, 124, 137, 154, 164, 167
personne sage et vertueuse, 78, 80
personnes, 32, 40, 46, 52, 67, 68, 129, 131, 140, 141, 148, 158, 164, 166, 167, 168, 169
personnes partageant les mêmes idées, 129, 131, 166, 168
perspective, 2, 31, 32, 47, 49, 51, 56, 61, 63, 69, 88, 89, 91, 93, 94, 95, 97, 106, 107, 111, 136, 140, 142, 143, 145
perspectives, 3, 38, 50, 62, 66, 81, 82, 112, 114, 159, 172
perspectives diverses, 66
perspicacité, 15
perte, 4, 72, 73, 93, 95, 150
petit pas, 42, 160
petits pas, 39, 46
petits risques, 123
peur, 17, 28, 29, 38, 42, 45, 60, 61, 62, 66, 67, 68, 81, 135, 165
peur de ne pas être à la hauteur, 165
peurs, 1, 3, 7, 11, 13, 14, 16, 24, 26, 33, 35, 36, 38, 39, 45, 52, 58, 59, 60, 61, 62, 65, 67, 68, 75, 76, 77, 78, 89, 90, 114, 117, 122, 123, 130, 131, 132, 133, 134, 135, 136
peurs inconscientes, 58, 67, 68
peurs irrationnelles, 62
peurs ou insécurités sous-jacentes, 76
phénomènes passagers, 61
philosophe, 113
philosophes, 72
philosophie, 1, 8, 28, 37, 46, 47, 58, 59, 60, 69, 87, 88, 113, 128, 132, 133, 135, 139, 141, 143, 155, 162, 166, 167

philosophie ancienne, 1, 8
philosophies, 8, 11, 14, 15, 16, 100
pierre angulaire, 47, 54
pierre angulaire de la philosophie stoïcienne, 47, 54
planifier, 83, 157
pleine conscience, 17, 25, 27, 52, 62, 65, 71, 72, 73, 78, 79, 84, 108, 131, 156, 162, 163, 164, 168
plénitude, 7, 48, 85, 140, 142
pleurer, 6
plus authentique, 5, 12, 16, 24, 26, 27, 31, 34, 118, 119, 120, 122, 136, 146, 148, 149, 171, 172
plus facile, 30, 31, 77, 91
plus grand sens de la résilience, 79, 91, 92
plus grand sentiment de plénitude, 64
plus intégrée, 25, 26, 98
plus présent, 73, 144
plus résilient, 95, 97, 98, 149
plus résistants, 119
plus sombre, 98, 99, 100, 109, 111, 113, 114, 119, 120, 140, 162, 165
plus sombres, 98, 99, 100, 109, 111, 113, 114, 119, 120, 140, 162, 165
plus sombres et plus difficiles, 98, 99, 114
point de vue stoïque, 33
popularisé, 4, 8
possessions matérielles, 43, 57, 143, 147
possessivité, 118, 119
possibilités, 26, 112, 153
potentiel, 7, 16, 24, 26, 114, 140, 143, 144
Pour illustrer ce point, 47
pour lesquelles nous sommes reconnaissants, 46, 151, 152
pour lesquelles vous êtes reconnaissant, 14, 48, 144, 158
poursuivre nos objectifs, 41
poussée, 9, 10

INDEX

pouvoir, 5, 13, 14, 24, 25, 32, 34, 44, 53, 54, 55, 57, 61, 63, 85, 94, 116, 117, 146
pouvoir personnel, 14, 61
pratique, 1, 2, 4, 13, 14, 16, 20, 21, 22, 25, 27, 28, 29, 31, 39, 42, 47, 48, 50, 52, 54, 56, 58, 59, 61, 62, 64, 71, 72, 73, 74, 75, 76, 77, 78, 79, 80, 81, 85, 88, 90, 92, 94, 96, 99, 105, 106, 108, 109, 110, 111, 112, 113, 131, 134, 136, 139, 140, 144, 145, 147, 148, 150, 151, 152, 153, 154, 155, 156, 157, 158, 159, 160, 161, 162, 163, 166, 167, 168, 170, 171
pratique de la gratitude, 47, 139, 140, 145, 147, 148, 151, 152, 154
pratique de la pleine conscience, 29, 31, 52, 58, 61, 80, 92, 110, 162, 163, 170
pratique de l'observation de soi sans jugement, 20
pratique du stoïcisme et du travail de l'ombre, 74, 168
pratique quotidienne, 62, 96, 111, 131, 136, 151, 153, 158, 159, 160, 161
pratique quotidienne de la gratitude, 111, 151, 153
pratique quotidienne de la pleine conscience, 62
pratiquer, 25, 28, 41, 44, 46, 54, 84, 91, 109, 114, 116, 118, 127, 142, 144, 145
pratiquer la gratitude, 44, 145
Pratiquer la gratitude, 132, 134, 140, 146
Pratiquer la justice, 3, 42, 50
Pratiquer la méditation de pleine conscience, 59
pratiquer la pleine conscience, 28, 142
Pratiquer la pleine conscience, 3, 28, 45, 82, 92
pratiquer la respiration profonde, 54
pratiquer l'autocompassion, 84, 114, 118
Pratiquer l'autocompassion, 110
pratiquer le recyclage, 127
Pratiquer l'équité et l'intégrité, 51
pratiques de pleine conscience, 15, 25, 71, 72, 73, 74, 106, 128, 164, 166, 168
Pratiquez l'acceptation, 14
précieux, 2, 79, 81, 83, 94, 159, 165, 166
préjudice, 116, 117
préméditation, 78, 79
prendre des décisions conformes à nos valeurs, 50
prendre des décisions intentionnelles, 125
Prendre des décisions intentionnelles, 127
prendre des risques, 38, 39, 41, 45
prendre du recul, 49, 50, 89, 91, 156, 163
prendre du recul par rapport à nos réactions émotionnelles immédiates, 49
prendre du recul pour réfléchir à la situation, 50
prendre le temps, 121
prendre un repas, 72
préoccupation, 167, 169
préparation, 78
présent, 2, 20, 21, 45, 48, 71, 117
pression, 55, 63
prêter attention, 24, 79
preuves, 62
prévoir du temps chaque matin, 159
principe fondamental, 53, 142
principes, 1, 2, 3, 12, 13, 14, 15, 16, 17, 27, 28, 29, 31, 32, 37, 38, 39, 40, 43, 44, 49, 50, 52, 57, 58, 59, 60, 61, 62, 68, 69, 71, 80, 87, 90, 92, 94, 100, 105, 106, 115, 122, 123, 125, 127, 129, 131, 133, 136, 142, 147, 148, 152, 154, 157, 158, 160, 163, 166
principes d'équité, 38, 40

INDEX

principes directeurs, 1, 123
principes du travail de l'ombre, 100
principes stoïciens, 2, 12, 13, 14, 15, 16, 17, 28, 31, 32, 43, 44, 57, 58, 59, 61, 62, 68, 71, 80, 90, 92, 105, 106, 133, 154, 157, 166
principes stoïciens d'acceptation et de vertu, 16
priorités, 40, 42, 44, 159, 160, 161
prise de conscience, 20, 25, 26, 33, 60, 76, 116, 157
prise de décision, 24, 39, 123, 130
procéder, 23, 171
processus, 5, 6, 7, 8, 10, 11, 13, 16, 17, 19, 20, 24, 26, 27, 28, 29, 31, 40, 43, 44, 50, 57, 58, 62, 64, 82, 83, 84, 85, 94, 95, 96, 98, 99, 101, 102, 111, 116, 118, 119, 121, 122, 123, 124, 125, 126, 128, 129, 130, 131, 132, 133, 134, 135, 136, 140, 163, 164, 165, 166, 167, 168, 169, 170, 171, 172
processus continu, 122, 124, 167, 169
processus d'acceptation de soi, 99
processus de découverte de soi, 111, 122
processus de transformation, 94, 95, 119, 136
processus d'intégration de l'ombre, 6, 16, 17, 163
processus d'intégration de notre ombre, 20
processus multidimensionnel, 98
profondément, 3, 6, 24, 43, 47, 55, 68, 96, 109, 110, 123, 128, 131, 135, 137, 139, 159, 171, 172
profondeurs, 4, 10, 20, 84, 85, 94, 136, 165, 169, 170
programme structuré, 159
progrès, 112, 156, 157, 158, 159, 160, 161, 167
progrès significatifs, 167
progresser, 15, 16, 26, 48, 150, 161, 171, 172

promouvoir le bien-être, 41
propre psyché, 2, 27
psyché, 9, 10, 16, 19, 20, 66, 84, 88, 136, 140, 165, 168, 170
qualifier nos pensées de bonnes ou de mauvaises, 75
quelqu'un, 3, 110, 111, 114, 116, 117, 154, 159, 160, 165
qui façonnent notre comportement, 75
rapidement, 37, 158
rappel, 14, 161
rappel visuel, 14
rationalité, 12, 98, 99
réaction, 3, 44, 51, 54, 55, 77, 162
réactions, 9, 10, 20, 23, 25, 63, 65, 81, 82, 88, 89, 90, 98, 101, 102, 155, 157
réagi, 21
réagir aux situations avec plus de clarté et de sagesse, 81
réagir avec équité et intégrité, 50
réagir de manière impulsive, 3, 72, 99, 164
réagir impulsivement, 27, 28, 77
rebondir, 80, 91, 100
rebondir dans les situations difficiles, 80
recadrage, 62
recadrage cognitif, 62
recadrer, 47, 60, 81, 94, 95, 132, 140, 146
Recadrer les défis, 99
réceptivité, 170
recevoir de l'empathie, 165, 168
recherche, 14, 37, 50, 117, 121, 136, 137, 143, 144, 157, 165, 166, 167, 169, 172
recherche de soutien, 165
recherche d'une relation plus saine, 117
rechercher des connaissances, 172
rechercher des opportunités, 35, 122, 151
rechercher l'authenticité et l'épanouissement, 18

rechercher le soutien d'une communauté, 129
rechercher l'eudaimonia, 132, 134
Rechercher une croissance et une transformation significatives, 52
récits, 61
reconnaissance, 24, 39, 98, 105, 140, 141, 153
reconnaître, 2, 5, 10, 20, 21, 22, 23, 24, 29, 30, 31, 33, 34, 35, 36, 40, 44, 45, 46, 48, 50, 51, 53, 58, 59, 60, 61, 63, 65, 66, 72, 78, 82, 83, 84, 87, 88, 89, 92, 94, 97, 98, 99, 100, 101, 102, 106, 108, 109, 112, 113, 115, 116, 117, 118, 119, 122, 129, 132, 135,136, 139, 140, 146, 150, 151, 152, 153, 155, 156, 157, 159, 162, 165, 170, 171
Reconnaître, 7, 26, 45, 62, 74, 99, 103, 107, 110, 114, 130, 131, 134, 147, 149, 153, 168, 169
reconnaître ces émotions, 94
reconnaître et apprécier, 48
reconnaître et apprécier consciemment les choses, 48
Reconnaître et intégrer, 99, 130, 134
reconnaître la croissance et la transformation, 156
reconnaître la peur, 29
reconnaître les causes sous-jacentes de sa colère, 20
reconnaître les changements, 155
reconnaître les émotions ou les peurs cachées, 50
reconnaître quand nos traits d'ombre influencent nos actions et nos choix, 20
reconnaître que la tristesse est un élément normal, 29
réduire l'anxiété, 99
réfléchir, 6, 9, 13, 14, 21, 22, 26, 42, 44, 45, 51, 53, 56, 58, 65, 68, 72, 76, 78, 79, 80, 83, 99, 100, 102, 103, 112, 121, 123, 125, 126, 127, 129, 133, 134,
140, 144, 151, 153, 154, 156, 157, 165, 169, 171
réfléchir à ce qui est vraiment important, 126
réfléchir à ces choses, 14
réfléchir à ces valeurs, 125
réfléchir à l'impermanence de la vie, 72
réfléchir à nos progrès, 129
Réfléchir aux principes stoïciens, 17
Réfléchir et ajuster, 127
réfléchissez à la manière dont vous faites preuve de compassion, 125
réflexion, 4, 7, 10, 14, 21, 26, 29, 33, 36, 39, 44, 52, 62, 67, 74, 76, 84, 85, 100, 102, 122, 123, 124, 125, 128, 130, 132, 133, 134, 135, 136, 146, 155, 156, 157, 165, 171, 172
réflexion personnelle, 44, 45, 165
réflexion sur soi, 33, 84, 132
refouler, 25
refoulés, 2, 8, 170
rejeter, 6, 99
rejoindre, 159, 160
relâcher l'emprise, 57, 58, 59, 116, 117
relation, 27, 28, 58, 59, 61, 69, 75, 84, 85, 89, 100, 106, 107, 108, 114, 156, 164
relation plus authentique, 100
relation saine et équilibrée, 61
relations, 5, 6, 7, 24, 25, 26, 35, 38, 40, 46, 57, 58, 108, 109, 110, 111, 112, 113, 119, 120, 125, 126, 141, 145, 147, 154, 156
relations toxiques, 24, 26, 57
relever les défis, 2, 49, 50, 51, 64, 79, 82, 92, 99, 137, 147, 153, 172
relever les défis de la vie, 2, 64, 79, 82, 92
remarquer, 85, 142, 143
Remarquez les saveurs, 73
renforcer, 2, 7, 20, 22, 52, 71, 72, 83, 96, 101, 102, 123, 141, 159, 160, 163

renforcer notre amélioration stoïque de soi, 20
renoncer, 52, 56, 63, 64, 163
réorienter, 89
répondre, 22, 27, 28, 29, 54, 65, 72, 73, 75, 77, 78, 79, 98, 99, 106, 126, 137
répondre à l'émotion avec sagesse, 28, 29
répondre de manière réfléchie, 99
réponse, 20, 27, 50, 60, 76, 88
réponses, 24, 51, 98, 111
réponses émotionnelles, 98
réprimées, 24, 135, 137
réprimés, 10, 23, 24, 26, 43, 137, 170
résignation, 32, 63
résilience, 1, 2, 3, 5, 9, 10, 12, 13, 14, 15, 21, 22, 27, 28, 29, 31, 32, 39, 40, 41, 42, 47, 48, 50, 51, 53, 56, 59, 61, 64, 67, 69, 72, 81, 82, 83, 88, 89, 90, 91, 92, 93, 96, 97, 98, 99, 100, 101, 102, 103, 106, 110, 112, 132, 133, 134, 136, 137, 140, 145, 146, 147, 157, 163, 164, 165, 172
résilience émotionnelle, 12, 13, 22, 81, 82, 91, 92, 93, 99, 106
résilient, 89
résiliente, 88, 90
résistance, 27, 52, 83, 86, 87, 90, 92, 97, 99, 100, 134, 152, 159, 161, 163, 166, 168
résistance émotionnelle, 92
respirer profondément, 56, 64
responsabilisation, 13, 64, 69, 131, 159, 165
responsabilité, 44, 140, 160, 166, 168
responsabilité de notre propre bonheur, 44
responsabilités, 113
ressentiment, 109, 110, 111, 113, 114, 115, 116, 117, 118, 120, 149
ressentir, 6, 50, 99, 150

ressources précieuses, 167
rester, 40, 66, 72, 131, 159, 166, 167, 168, 171
rester engagé, 166, 168, 171
résultat, 55, 57, 58, 64, 68
résultat final, 64
résultats, 56, 63, 64, 65, 67, 68
résultats spécifiques, 63, 64
résumer, 111
retard, 54
réunion importante, 54
révéler notre véritable personnalité, 34
revers, 16, 17, 41, 47, 52, 56, 66, 89, 90, 96, 99, 101, 102, 105, 107, 129, 131, 154, 159, 161, 162, 163, 164, 165, 169, 171, 172
revers financier important, 47
richesse, 31, 141, 144, 151, 152
rôle, 19, 24, 31, 46, 50, 68, 71, 79, 88, 94, 105, 108, 122, 128, 135
rôle crucial, 31, 71, 94, 105, 135
routine, 4, 68, 73, 100, 108, 145, 158, 159, 160, 161, 168
routine cohérente, 160
routine de méditation quotidienne, 73
routine quotidienne, 4, 68, 108, 159, 160, 168
routines quotidiennes, 40
sa propre résilience, 100
sagesse, 1, 2, 8, 16, 27, 38, 40, 52, 63, 75, 76, 77, 79, 80, 82, 87, 98, 132, 133, 134, 140, 170, 171, 172
sagesse et sérénité, 76, 77
sagesse stoïque, 16, 98
saine, 6, 45, 58, 59, 81, 82, 99, 108
saines, 24, 26, 119
s'aligner sur ses valeurs, 130
sang-froid, 12, 77, 80, 98, 99, 163, 164
sans chercher à le changer ou à le contrôler, 14
sans devenir réactif, 29

INDEX

sans jugement, 2, 12, 28, 31, 32, 72, 75, 76, 77, 83, 85, 86, 108, 170
sans se laisser submerger, 28
s'asseoir, 84
s'asseoir avec l'inconfort et l'incertitude, 84
satisfaction, 12, 79, 115, 140, 141, 144, 148
satisfaction personnelle, 115
satisfaisant, 7, 47, 49
schémas, 2, 4, 5, 6, 7, 9, 12, 13, 19, 20, 21, 23, 24, 25, 26, 33, 45, 49, 57, 59, 62, 69, 72, 73, 75, 77, 79, 80, 84, 85, 88, 90, 110, 123, 133, 156, 157, 170
schémas de pensée, 12, 23, 49, 62, 69, 72
schémas de pensée déformés, 62
schémas émotionnels, 57, 59, 84, 156
schémas récurrents, 9, 26, 157
se concentrer, 17, 72, 142, 147, 152, 153, 154
se concentrer sur ce que l'on peut contrôler, 17, 154
se débarrasser du ressentiment, 117
se détacher, 62
se manifester, 23, 24, 66, 84, 122, 130, 131
se permettre, 5
se préparer, 78
se préparer mentalement, 78
se rappeler, 28, 29, 159
se rendre, 62
se traiter avec gentillesse, 105, 112, 114
Se traiter avec gentillesse, 28
séances de thérapie, 35, 69, 103, 137
sécurité, 57, 58, 116, 117
s'engager, 10, 44, 66, 84, 120, 121, 128, 130, 132, 133, 135, 144, 166, 167, 170
S'engager, 11, 18, 62, 69, 102, 128, 136, 168, 171

S'engager continuellement dans la découverte et l'affirmation de soi, 128
s'engager dans le travail de l'ombre, 166
sens, 2, 4, 5, 11, 12, 15, 20, 34, 37, 41, 42, 43, 44, 45, 56, 68, 73, 79, 91, 92, 93, 95, 98, 99, 101, 102, 106, 109, 110, 113, 116, 118, 122, 123, 128, 129, 130, 131, 132, 133, 134, 135, 136, 137, 140, 142, 144, 147, 152, 153, 157, 167
sens accru, 12
sens de la maîtrise de soi, 20
sens de l'objectif, 2, 43
sens du détachement, 79
sens plus profond, 2, 15, 68, 98, 133, 134, 141, 153
sens profond de la conscience de soi, 79
sens renouvelé de l'objectif, 167
sensations, 27, 28, 71, 77, 84, 85, 144
sentiment de détachement par rapport aux pensées, 76
sentiment de paix et d'épanouissement intérieur, 153
sentiment de plénitude, 31
sentiment d'isolement, 165
sentiments, 3, 10, 17, 19, 21, 22, 30, 32, 45, 47, 51, 61, 65, 71, 76, 81, 82, 85, 98, 99, 100, 102, 110, 111, 113, 114, 118, 119, 120, 131, 133, 135, 137, 146, 147, 149, 150
sentiments d'amertume, 47
sentiments de peur, 100, 102
sentiments d'inadéquation, 30
sérénité, 12, 17, 31, 47, 61, 74, 79
sérénité intérieure, 12
sert, 160
ses besoins, 162
signaux importants, 27
significatif, 16
signification, 30

INDEX

situation, 3, 13, 17, 22, 27, 42, 46, 47, 48, 49, 51, 52, 54, 56, 59, 63, 68, 69, 75, 76, 80, 83, 88, 89, 91, 92, 93, 95, 96, 99, 105, 107, 110, 111, 114, 116, 120, 127, 133, 137, 147, 150, 154, 171
situation difficile, 13, 17, 22, 56, 83, 92, 93, 95, 96, 99, 137, 147, 150
situation similaire, 105, 107
situations, 12, 13, 21, 22, 24, 34, 38, 41, 42, 49, 50, 51, 52, 56, 64, 65, 67, 68, 75, 76, 77, 78, 82, 91, 92, 102, 125, 127, 146, 163, 164
situations difficiles, 13, 34, 41, 42, 49, 50, 51, 52, 56, 64, 75, 76, 77, 78, 82, 91, 92, 102, 127, 146, 163, 164
situations spécifiques, 22
s'offrir des paroles réconfortantes, 29
soi, 2, 3, 5, 11, 13, 18, 22, 26, 27, 29, 31, 34, 35, 44, 54, 60, 62, 65, 66, 67, 74, 75, 76, 77, 83, 85, 87, 89, 92, 93, 99, 103, 106, 107, 110, 113, 114, 116, 119, 120, 126, 128, 135, 137, 140, 155, 159, 163, 165, 169, 170
soi-même, 11, 29, 62, 66, 83, 85, 99, 110, 113, 114, 119, 120, 137, 159
solitude, 167
souffrance, 28, 81, 94, 105, 106, 107, 116, 148, 150
source de force, 33, 36, 156
source de force et de motivation, 156
sources, 60, 74, 93, 100, 101, 127, 133, 134, 170, 172
sources cachées, 101
sources de connaissances, 172
sources de croissance, 60
soutenir, 41, 42, 47, 52, 101, 108, 122, 142, 162, 167, 169, 170
soutenir des causes, 41
soutenir les autres, 47, 122
soutien, 10, 32, 34, 39, 40, 49, 65, 66, 84, 85, 107, 108, 110, 114, 119, 120, 131, 140, 141, 146, 147, 151, 153, 159, 166, 167, 168, 169, 172
soutien émotionnel, 131, 166, 167
soutien et compréhension, 108, 110, 114, 168
soutien mutuel, 166, 168
soutient, 157, 160, 167, 168
souvent associée à la, 100
souveraineté, 58
sphère de contrôle, 54
stabilité, 12, 53, 56, 75, 77, 91, 92
stimulant, 82, 169
stoïcisme, 1, 2, 4, 7, 9, 11, 12, 13, 14, 15, 16, 19, 26, 30, 31, 33, 34, 37, 39, 40, 43, 44, 49, 52, 57, 60, 61, 63, 66, 68, 69, 71, 81, 82, 83, 87, 89, 90, 93, 94, 95, 97, 105, 106, 108, 112, 115, 116, 121, 131, 132, 133, 135, 139, 142, 143, 144, 145, 147, 148, 151, 152, 155, 158, 159, 160, 162, 163, 165, 166, 167, 168, 169
stress, 53
succès, 38
succomber, 47, 54, 98
suivre une thérapie, 10
supprimer, 26, 33, 35, 60, 61, 64, 98, 103, 114, 132, 148, 152, 163
supprimer les émotions, 26, 152
supprimer nos émotions, 33
surface, 36, 75, 157
surgir, 24, 86, 113, 114
surmonter, 2, 3, 12, 16, 17, 39, 40, 41, 47, 56, 81, 82, 92, 93, 95, 96, 122, 123, 130, 132, 133, 140, 147, 162, 163, 171
surmonter les obstacles de la vie avec détermination et grâce, 16
surmonter les obstacles existentiels, 122
système de soutien, 165, 167
tasse de thé réconfortante, 151
technique pratique, 88

INDEX

technique stoïcienne, 60, 78, 91
techniques, 15, 21, 27, 52, 60, 62, 72, 73, 78, 79, 81, 90, 91, 92, 94, 97, 98, 106, 108, 111, 162, 163, 164
techniques d'apaisement, 108
techniques d'écoute réflexive, 111
tempérance, 1, 8, 10, 38, 41, 42, 50, 52, 80
temps, 3, 6, 9, 10, 13, 14, 19, 21, 22, 24, 26, 35, 36, 39, 40, 42, 44, 45, 46, 48, 51, 52, 54, 55, 56, 58, 65, 68, 73, 74, 75, 76, 77, 78, 80, 82, 83, 85, 93, 96, 99, 100, 102, 103, 110, 112, 117, 123, 125, 126, 127, 130, 131, 133, 141, 142, 144, 145, 147, 150, 154, 156, 157, 158, 160, 161, 164, 165, 171
temps dédié, 76, 160
temps supplémentaire, 54
tendance, 6, 7, 21, 26, 32, 66, 148
tenir, 9, 13, 23, 44, 50, 62, 65, 66, 68, 102, 123, 131, 133, 136, 140, 159
tentation, 166
tenter de nouvelles expériences, 66, 124
tenue d'un journal, 101, 156
thèmes, 26, 45, 121, 123, 133
thérapeute, 10, 11, 40, 65, 85, 96, 111, 130, 134, 165, 168
thérapie, 59, 62, 96, 100, 101, 102, 123
tous les types de situations difficiles, 52
trahi, 117
traiter, 1, 3, 6, 9, 10, 28, 30, 35, 40, 58, 101, 102, 108, 109, 114, 143, 149, 150
traits d'ombre, 5, 6, 19, 21, 24, 25
tranquillité, 47, 53, 58, 59, 61, 67, 79, 80, 91, 108, 113
tranquillité d'esprit, 47
tranquillité intérieure, 53, 67, 91, 108
transcender les peurs, 39

transformation, 11, 13, 16, 24, 25, 26, 34, 35, 51, 52, 58, 68, 69, 84, 85, 86, 91, 95, 96, 97, 113, 134, 145, 157, 160, 164, 165
transformation durable, 160
transformation intérieure, 16
transformation personnelle, 11, 24, 25, 26, 51, 52, 69, 86, 95, 97, 164
transformer, 16, 21, 26, 44, 59, 60, 61, 67, 81, 83, 93, 94, 95, 109, 119, 120, 122, 130, 133, 134, 146, 163, 165, 170
Transformer, 17, 61, 68
transformer la douleur en croissance, 16, 81, 93, 94, 95, 163, 165
Transformer la douleur en croissance, 17
transformer la douleur en croissance personnelle, 93, 94
traumatismes, 20, 57, 59, 61, 84, 85, 96, 101, 109
traumatismes passés, 20, 61, 109
travail, 2, 4, 5, 6, 7, 8, 9, 10, 11, 12, 13, 14, 15, 16, 17, 19, 23, 24, 26, 27, 28, 30, 31, 32, 33, 34, 37, 38, 39, 40, 44, 49, 50, 51, 52, 57, 58, 59, 61, 62, 64, 66, 67, 68, 69, 71, 73, 75, 80, 81, 82, 83, 85, 88, 89, 90, 92, 94, 95, 96, 97, 98, 99, 100, 101,105, 106, 108, 110, 111, 114, 115, 116, 117, 119, 121, 124, 126, 128, 129, 132, 133, 135, 137, 140, 141, 142, 144, 145, 147, 148, 150, 151, 153, 155, 156, 157, 158, 159, 160, 161, 162, 163, 165, 166, 167, 168, 169, 170
travail de l'ombre, 2, 4, 5, 6, 7, 8, 9, 10, 11, 12, 13, 14, 15, 16, 17, 19, 23, 24, 26, 27, 28, 30, 31, 33, 34, 37, 38, 39, 40, 49, 50, 52, 57, 58, 59, 61, 64, 66, 67, 68, 69, 71, 73, 80, 82, 83, 88, 89, 90, 92, 94, 97, 98, 100, 101,

INDEX

105, 106, 108, 110, 111, 115, 116, 121,124, 126, 128, 129, 132, 133, 135, 137, 140, 142, 144, 145, 147, 148, 151, 155, 156, 157, 158, 159, 160, 162, 163, 165, 166, 167, 168, 169, 170
travail intérieur, 85
travailler activement, 26
travailler avec, 10, 22, 100
travailler sur les traumatismes du passé, 14
tremplins, 61
tristesse, 29, 99, 100, 102
troubles émotionnels, 117, 165
troubles intérieurs, 148
trouver, 1, 7, 12, 14, 15, 17, 38, 40, 43, 44, 45, 46, 50, 51, 52, 54, 58, 59, 62, 64, 67, 79, 80, 81, 94, 95, 97, 114, 116, 119, 120, 129, 130, 133, 134, 135, 142, 144, 146, 147, 148, 150, 151, 152, 153, 154, 156, 159, 163, 167, 171
trouver des moyens, 7, 119, 120
trouver des solutions, 17, 64
trouver la force intérieure, 15
trouver la joie et le contentement, 129
trouver la paix et l'épanouissement, 152, 154
trouver la paix intérieure, 14, 80, 81
trouver la résilience et la force, 129
trouver le contentement dans le moment présent, 12, 151
trouver l'harmonie, 38
trouver un équilibre entre la reconnaissance des défis, 152
trouver un sens, 15, 43, 44, 45, 52, 94, 97
trouver un sentiment de paix et de stabilité, 152
trouver une solution, 51
Un autre aspect, 28, 30, 54, 67, 72, 84, 101, 109, 116, 119, 148, 159
un bien qui vous est cher, 73

un cadre de soutien et de compassion, 16
un espace calme pour contempler, 156
un état d'esprit calme et rationnel, 50
un être cher, 73, 86
un lien plus fort avec le monde, 152, 154
un mode de vie authentique, 14
un plus grand sens de l'authenticité, 5
un puissant voyage de croissance et de découverte de soi, 16
un sens de l'objectif, 123
un sentiment d'accomplissement et de paix intérieure, 126, 128
un véritable engagement, 161
une chance de grandir, 26, 99
une compréhension plus profonde, 11, 34, 118, 171
une expression plus équilibrée, 5, 6, 20
une expression plus équilibrée et authentique de nous-mêmes, 20
une meilleure compréhension de soi, 35
une ou deux pratiques clés, 160
une plus grande clarté, 147
une plus grande résilience, 16, 22, 78, 82, 153
une relation plus saine, 68, 117
utile, 11, 24, 26, 34, 36, 124, 126, 128, 130
utiliser, 54, 106, 107, 137, 146, 172
valeur, 41, 42, 56, 67, 75, 76, 86, 112, 114, 122, 126, 127, 140, 147, 150, 165, 167, 169
valeur inhérente, 112, 114
valeurs, 3, 13, 14, 20, 22, 44, 45, 50, 56, 69, 77, 95, 121, 122, 123, 124, 125, 126, 127, 128, 130, 131, 132, 133, 134, 140, 144, 145, 165, 167, 169, 170, 171
valeurs et vertus stoïques, 20, 22

valeurs fondamentales, 44, 45, 122, 123, 124, 126, 127, 130, 171
valeurs personnelles, 170
valeurs stoïques, 22
validation, 35, 56, 143, 144, 166
validation externe, 56, 144
véritable objectif, 44, 45, 123, 124, 130, 136, 137
vertu, 9, 10, 17, 38, 41, 49, 50, 52, 59, 78
vertu de modération et de maîtrise de soi, 50
vertu essentielle pour faire face aux situations difficiles, 49
vertus, 1, 8, 10, 23, 37, 39, 40, 42, 43, 44, 52, 78, 80, 88, 89, 122, 123, 128, 130, 132, 133, 134, 135, 169, 171
victoires, 151
vie, 1, 2, 4, 8, 10, 11, 12, 13, 14, 16, 17, 20, 21, 22, 23, 24, 25, 26, 31, 32, 34, 36, 37, 39, 40, 41, 42, 43, 44, 45, 46, 47, 49, 53, 55, 56, 58, 60, 61, 62, 63, 64, 65, 66, 67, 68, 69, 71, 73, 74, 77, 78, 79, 80, 81, 85, 87, 88, 89, 90, 91, 92, 93, 97, 98, 100, 108, 110, 113, 116, 121, 122, 123, 124, 125, 126, 127, 128, 129, 130, 131, 132, 133, 134, 135, 136, 137, 139, 140, 141, 142, 143, 144, 145, 146, 147, 149, 150, 151, 152, 153, 154, 156, 158, 159, 160, 161, 162, 169, 171
vie épanouie, 113, 124
vie personnelle et professionnelle, 122, 123
vie quotidienne, 2, 10, 17, 20, 21, 24, 25, 37, 39, 40, 46, 49, 69, 71, 74, 78, 79, 80, 100, 116, 124, 126, 128, 140, 143, 144, 145, 153, 161
vie vertueuse, 13, 37, 108

violées, 27
vision plus large, 91
visualisation, 2, 4, 72, 73, 81, 83, 88, 89, 90, 92, 97, 99
visualisation négative, 2, 4, 72, 73, 81, 83, 88, 89, 90, 92, 97, 99
vitale, 53, 61, 95, 169
vivre de manière authentique, 129, 130
vivre en accord avec ce qui nous tient à cœur, 125
vivre en accord avec sa vraie nature et ses vertus, 43
vivre en harmonie, 143, 155
vivre en harmonie avec la nature, 143, 155
vivre le moment présent, 78
vivre notre vie, 41
vivre une vie plus authentique et plus épanouissante, 32
voyage, 4, 6, 7, 9, 14, 15, 21, 23, 26, 39, 43, 64, 82, 85, 93, 101, 107, 118, 123, 124, 126, 128, 129, 131, 133, 134, 137, 141, 156, 157, 160, 162, 165, 166, 167, 169, 170, 171
voyage à la découverte de soi, 169
voyage de croissance holistique, 14
voyage de découverte, 9, 156
voyage de découverte de soi, 9, 156
voyage permanent, 39, 126, 128, 129, 170, 171
voyage transformateur, 7, 15, 82, 133
voyage transformateur de croissance personnelle, 15
vrai moi, 5, 126
vraies valeurs, 13, 14, 22, 43
vulnérabilité, 33, 34, 35, 36, 100, 101, 102, 163
vulnérabilités, 5, 7, 33, 34, 35, 65, 106, 107, 111
y compris nous-mêmes, 105
zone de confort., 65